EBERHARD SIEVERS

Den KRIEG überleben in GRONAU

novum pro

Bibliografische Information der Deutschen Nationalbibliothek:

Die Deutsche Nationalbibliothek verzeichnet diese Publikation in der Deutschen Nationalbibliografie. Detaillierte bibliografische Daten sind im Internet über http://www.d-nb.de abrufbar.

© 2024 novum Verlag

ISBN 978-3-99146-683-3
Lektorat: Leon Haußmann
Umschlagfotos: Leelloo, Andreykuzmin | Dreamstime.com; Eberhard Sievers
Umschlaggestaltung, Layout & Satz: novum Verlag
Innenabbildungen: Eberhard Sievers

Die vom Autor zur Verfügung gestellten Abbildungen wurden in der bestmöglichen Qualität gedruckt.

www.novumverlag.com

Inhaltsverzeichnis

Familie 1944

Vorwort

Vor über 70 Jahren tobte in Deutschland, in Europa, ja in der ganzen Welt der Zweite Weltkrieg. Dieser Roman wirft ein Licht auf einen kleinen Ausschnitt des Kriegsgeschehens wie durch ein Vergrößerungsglas, um das detaillierte Erleben und Erleiden einer einzigen Familie konkret nachzuzeichnen. Im Schicksal dieser Familie „in der Heimat" spiegeln sich die militärischen Kämpfe an den Fronten und der politisch-ideologische Hintergrund des weltweiten Konfliktes.

Wie in jedem Krieg der Völker hatten nicht nur die Soldaten in die gewaltsame Auseinandersetzung aktiv einzugreifen und diese passiv zu erleiden, sondern es war in höchstem Maße auch ein Krieg gegen die Zivilbevölkerung. Die Grausamkeit des Krieges betraf die deutsche Bevölkerung aber nicht nur im Bombenhagel der Städte und nicht nur in der Fluchtbewegung aus dem Osten, sondern in diesem Roman geht es im dramatischen Kriegserlebnis um Leben und Tod einer bürgerlichen Familie in einer deutschen Kleinstadt in den Jahren 1939–1945.

Das Jahr 1944 mitten in Deutschland war geprägt von der gespannten Erwartung der Menschen auf die von Westen immer näher heranrückende Front des Krieges und gleichzeitig auf die kommende ungewisse Veränderung ihrer gesellschaftlich-politischen Einstellung mit dem Ende des Nationalsozialismus.

Der Roman weist über die Berichte historischer Ereignisse, auf die er zurückgeht, weit hinaus, indem er einen Einblick vermittelt in nationale Ideologien, in größte Kriegsgefahren, in persönliche Schicksale und in Lebensleiden und Lebenswillen einer Generation im 20. Jahrhundert.

Kriegsausbruch

Der Zweite Weltkrieg 1939–1945 kam für Familie Sievers in dem Städtchen Gronau/Leine mitten in Deutschland keineswegs überraschend, wenn auch nicht gewollt. Damals war man den gegenwärtigen politischen Umständen bewusst, die schließlich den Krieg auslösten, hatte aber insgeheim gehofft, der Friede könnte erhalten werden. Das Leben wurde deutlich überstrahlt von der nationalsozialistischen Ideologie, wie überragend wichtig das Deutschtum zu erhalten und noch weiter auszubreiten wäre.

In dieser Situation wurden Nachrichten vom Leben der Menschen im östlich benachbarten Polen, das zu einem großen Teil von Polen und Deutschen gemischt bewohnt wurde, tief erschreckend übermittelt. Erschreckend, weil die deutsche Minderheit hauptsächlich im westlichen Polen in der nationalsozialistischen Beurteilung des „guten und besseren Deutschtums" angeblich von den Polen missachtet und unterdrückt wurde, was angeblich zu unerträglichen Leiden der deutschen Minderheit führte.

So entfesselten die Nationalsozialisten in Deutschland den Zweiten Weltkrieg, indem sie Soldaten nach Polen einmarschieren ließen, um die dortige deutsche Bevölkerung „zu befreien".

Hitlers Rede zu dem von ihm angezettelten Krieg hörten alle am Radio „… seit heute wird zurückgeschossen …" sollte den Eindruck erwecken, als wäre der von ihm befohlene Einmarsch deutscher Truppen über die Ostgrenze nach Polen hinein lediglich eine Reaktion auf böswillige Übergriffe der Polen auf die friedliche deutsche Bevölkerung gewesen.

Bei diesem Einmarsch deutscher Truppen nach Polen hinein wurde missachtend in Kauf genommen, dass Polen schon lange vorher angesichts der wachsenden Bedrohung durch Deutschland die Engländer und die Franzosen auf der anderen Seite Europas vertraglich als Verbündete gewonnen hatte zum Schutz gegen die Übermacht der Nationalsozialisten in Deutschland. Diesem Bündnis Polen-England-Frankreich entsprechend erklärten nun nach dem Kriegsausbruch auch diese beiden Länder Deutschland den Krieg.

Elternhaus Breite Straße

Familienleben privat im Krieg

Die Familie Sievers erlebte gleich nach der Kriegserklärung in den nächsten Tagen einen Einschnitt in ihr Leben: Heinrich Sievers, Elektro-Ingenieur im Überlandwerk Leinetal in Gronau, wurde mit der Leitung des Elektrowerkes beauftragt, weil der eigentliche Leiter sogleich zur Wehrmacht eingezogen worden war. Erst später sollte sich herausstellen, was das für das Privatleben der Familie bedeutet: Bei jedem Fliegeralarm musste Heinrich sich sogleich ins Werk begeben.

Dann wurden alle Einwohner Gronaus zu einer bedeutenden Veränderung ihrer Wohnungsgewohnheiten aufgefordert. Da alle Länder inzwischen eine Menge von Flugzeugen gebaut hatten, musste ein Übergreifen des Krieges auf die gegenseitige Lufthoheit der Länder befürchtet und abgewendet werden. Um feindlichen Flugzeugen nachts das Überfliegen und die Orientierung über Städten und Dörfern Deutschlands unmöglich zu machen, wurde eine allgemeine Verdunkelung beleuchteter Gebäude und Straßen und bei Nacht angeordnet. Die Luftschutzvorschriften enthielten ein allgemeines Verbot von Licht in der Öffentlichkeit.

Darum versah Familie Sievers die Fenster in allen Wohnräumen mit einem Rollo aus dunklem Papier. Ebenso wurden auch alle Geschäfte, Einrichtungen, Fabriken, Verwaltungen, und so weiter, völlig verdunkelt, was allgemein sorgfältig überprüft wurde. Ging man nun im Dunkeln in irgendein Zimmer, so erst zum Fenster und alles verdunkelt, und dann zurück zum Lichtschalter an der Tür. Freilich war in der ersten Kriegszeit kein Überfliegen durch feindliche Flugzeuge zu befürchten, und daher gab es auch zunächst keinen Fliegeralarm.

In den ersten Kriegsjahren wurde der älteste Sohn Reinhard Soldat, und der Zweite, Detlef, wurde als Schüler zu den Flakhelfern eingezogen, die in Fliegerabwehrstellungen großer Städte teilweise Dienst als Soldat leisten mussten und andererseits noch Schulunterricht hatten.

In der Absicht, in Gronau ein regionales Schulzentrum für die umliegenden Dörfer zu entwickeln, hatte die Stadt lange vor dem Krieg eine schöne große Kreismittelschule hinter der westlichen Leinebrücke gebaut. Gleich nach Kriegsausbruch musste aber zusätzlich zum Krankenhaus ein Lazarett für verwundete Soldaten geschaffen werden. Nun wurde das neue Gebäude Kreismittelschule zu einem solchen Lazarett umgewidmet. Der Mittelschul-Unterricht musste dann mit in die Volksschule in der Nordstraße umgeleitet werden. Das führte natürlich zu vielen Engpässen, und an beiden Schulen im gleichen Gebäude zu Unterrichtsausfällen.

Lebensmittel rationiert

Als der Krieg ausbrach, wurden sämtliche Grenzen Deutschlands gesperrt, das bedeutete keine Einfuhr und Ausfuhr von Gütern, bis auf wenige, sorgfältig kontrollierte Ausnahmen. Deshalb war die Ernährung der Bevölkerung lediglich auf die im eigenen Land angebauten und produzierten Lebensmittel beschränkt. Also auch keine Baumaterialien, Textilien, Maschinen, Werkzeuge und so weiter aus dem Ausland, und schon gar keine Südfrüchte. Bananen und Apfelsinen schmeckte man während des ganzen Krieges nicht.

Das bedeutete eine strenge Rationierung von allen Lebensmitteln. Alle Esswaren durften nur mit Lebensmittelmarken verkauft werden, die für jede einzelne Person ausgegeben wurden, so für Brot, Fleisch, Zucker, Milch, Butter, und so weiter. Die Händler schnitten die bestimmten Marken von der Lebensmittelkarte ab, sammelten sie und reichten sie an den Großhandel weiter, um neue Waren zu beschaffen. Das so begrenzte Essen reichte gerade zum Sattwerden.

Ausnahmsweise gab es manchmal Sonderzuteilungen, so für Schwerarbeiter, für Kranke und Behinderte. Für besondere Bedürfnisse gab es auf Antrag extra Bezugsscheine, so für Textilien heranwachsender Kinder.

Der Garten - ein Segen

Zu jeder Wohnung gehörte in Gronau gewöhnlich ein Schrebergarten. Wo der Leine-Fluss sich teilte, bildete er für die Stadt Gronau eine Insel, die so von beiden Leinearmen umgeben war. Überall an diesen Leine-Ufern gab es rings um die Stadt Garten an Garten mit einem Zugang durch zwei Meter breite Fußwege, genannt Nordwall und Südwall. Diese reiche Ausstattung mit Schrebergärten versorgte die Bewohner mit Obst und Gemüse und teilweise auch mit Hühnern und Eiern.

Entsprechend gehörte der Familie Sievers außer ihrem Hausgarten auch noch ein guter Garten am Nordwall. Das kam nun der Familie angesichts der stark eingeschränkten Lebensmittel mit allerlei Obst und Gemüse zugute, zumal es in der ganzen Stadt kein einziges Obst- und Gemüsegeschäft gab.

Allerdings machten beide Gärten natürlich viel Arbeit. Dazu verwendete Heinrich alle private Zeit neben der Berufstätigkeit, und die Kinder wurden neben der Schule auch tüchtig zur Gartenarbeit herangezogen. Im Keller wurden alle möglichen Gartenfrüchte für den ganzen Winter in Kisten und Kästen und Töpfen sorgfältig aufbewahrt, auch Eingekochtes in Gläsern für die langen Monate.

Sievers hielten sich auch einige Hühner in einem Drahtgehege und hölzernem Stall im Garten. So hatte man oft Eierspeisen zu essen und ab und zu einen Braten.

Vieles nicht mehr zu kaufen

Kriegsbedingt konnte man nun auch keine Textilien mehr kaufen, keine Schuhe und sonstige Gebrauchsgegenstände, so dass die Hausfrau für die Pflege und Reparatur sämtlicher Kleidung der Familienmitglieder sorgen musste. Für besondere Fälle konnte man Extra-Bezugsscheine beantragen. Liselotte arbeitete nun oft stundenlang an der Nähmaschine, deren Stiche durch schwenkbare Fußtreter angetrieben wurden.

Man wurde unheimlich sparsam, trug Kleidung bis zum letzten Fetzen. Man wurde erfinderisch, nahm Bindfaden statt Schnürsenkel, tauschte kostbare Gegenstände ein, zum Beispiel goldene Blumenvasen gegen Gebrauchsmaterial, zum Beispiel Fahrradflickzeug.

Ein Textilgeschäft in Gronau konnte nur noch alle möglichen Uniformen für Parteimitglieder, Hitlerjugend und so weiter verkaufen.

Nun gab es auf Gronaus Straßen nur noch wenig Verkehr. Alle Privatautos wurden beschlagnahmt und für die Armee eingezogen. Deswegen wurden die Seitenstraßen vielfach zu Spielplätzen für Kinder, wenn die Straßen nicht vom Militär oder für politische Aufmärsche benutzt wurden.

Zunehmender Luftkrieg

Sowie Fliegeralarm ertönte, hieß die Vorschrift, sich sogleich in den Luftschutzkeller des Hauses zu begeben, zu dem rechtzeitig immer ein bestimmter Raum im Keller eingerichtet werden musste mit Betten, Decken, und so weiter. Veranstaltungen, Einkäufe, Gottesdienste und manchmal auch die Arbeitsplätze musste dann verlassen werden zu den Luftschutzkellern oder -bunkern, die auch für die Öffentlichkeit eingerichtet wurden.

Als der Luftkrieg zunehmend zunahm, traute man sich zuweilen in den Garten, um überfliegende feindliche Flugzeugformationen zu beobachten, die deutsche Großstädte in Schutt und Asche zerbombten. Die Verbände bestanden aus zwanzig bis fünfzig viermotorigen Flugzeugen. Man konnte auch eine Reihe leichter wendiger feindlicher Jagdflugzeuge zum Schutz der

Formationen beobachten, und manchmal auch deutsche Jagdflugzeuge, die die Feinde anzugreifen suchten.

Die Schülerinnen und Schüler wurden bei Fliegeralarm während
des Unterrichts in den ausgebauten Luftschutzkeller der Schule geschickt oder, wenn sie in der Nähe wohnten, nach Hause.
Nach der Entwarnung ging dann der Unterricht so gut es ging
weiter. Jedenfalls durfte sich während des Fliegeralarms kein
Mensch auf der Straße sehen lassen, selbstverständlich ruhte
auch jeglicher Straßenverkehr.

Nur der Eisenbahnbetrieb ging trotz des Alarms weiter, weil
die Bahn sonst völlig aus dem Plan geraten würde. Nur mussten alle Fahrgäste beim nächsten größeren Bahnhof aussteigen,
um dort im groß ausgebauten Luftschutzkeller die Entwarnung
abzuwarten. Die Bahn fuhr dann leer weiter.

Familie Sievers nahm nun einige „Ausgebombte" auf in zwei
Zimmer im Obergeschoß ihres Einfamilienhauses, drei Personen aus der völlig zerstörten Stadt Hannover. Allerdings war das
Haus nicht für zwei Familien eingerichtet, so dass man sich in
dem einen Badezimmer und in einer Küche auf zwei Haushalte
einrichten musste, so gut es ging. Man vertrug sich aber einigermaßen, zumal die Hannoveraner musikalisch waren, Vater
und Sohn mit Cellos. Gelegentlich konnte man gemeinsam mit
Sievers Klavier zusammen musizieren.

Der Krieg fordert Tote

In vielen Familien änderte sich das Leben grundsätzlich, weil
alle lebenstüchtigen Männer von 18 Jahren bis an die Alters-
grenze zum Militär eingezogen wurden. Die Versorgung und

Steuerung der Familie oblag also den Frauen und Müttern. Dadurch wurden auch weniger Kinder geboren.

Wie ein Blitz schlug ab und zu in einer Familie die Nachricht ein, dass der Mann an der Front als Soldat gefallen sei. Das betraf natürlich nicht nur die Väter in den Familien, sondern auch die heranwachsenden Söhne als Soldaten. Nicht immer konnten die Beerdigungen auf dem heimatlichen Friedhof stattfinden. In solchen Fällen bot die Kirche in Gronau eine Trauerfeier an, um Trost zu geben, und Anteilnahme durch soziale Nähe.

Männer fehlen als Arbeiter

Der Einzug von Männern zum Militär in großem Maße hatte den Ausfall von Arbeitskräften in allen Bereichen in Deutschland zur Folge. Viele Betriebe mussten deshalb schließen, wenn es nicht möglich war, als Ersatz Frauen zu verpflichten.

In der Gronauer Papierfabrik wurden nun französische Kriegsgefangene als Fabrikarbeiter einquartiert. Die Gefangenen wurden nicht wie anderswo in Lagern gefangen gehalten, sondern man nutzte ihre Arbeitskraft aus. Viele Gefangene wurden auch in der Landwirtschaft dringend benötigt und eingesetzt. Heinrich berichtete, wie fleißig und geschickt ausländische Kriegsgefangene sich im Elektrizitätswerk betätigten.

Dem Mangel von unbedingt nötigen Arbeitern wurde im Laufe des fortschreitenden Krieges begegnet durch die Arbeitsverpflichtung ausländischer Frauen in deutschen Firmen. In Gronau gab es eine Lederwarenfabrik, die unbedingt wichtig war für die Herstellung von Uniformen, Patronentaschen und so weiter für das Militär. So wurden in einer Baracke etwa hundert polnische und russische Frauen untergebracht, die tagsüber in die Lederwarenfabrik gingen zur Arbeit.

Man hing am Radio

Eine große Rolle für die Information der Bevölkerung über die Kriegsereignisse spielte der Rundfunk. Es gab zu bestimmten Zeiten den „Wehrmachtsbericht" über das jeweilige Frontgeschehen, und ab und zu über besonders siegreiche Ereignisse „Sondermeldungen". Diese Rundfunknachrichten wurden politisch zur ideologischen Aufmunterung des Volkes propagandistisch genutzt. Darum bemühten sich viele um die Unterscheidung von Wahrheit und Propaganda. Man hing am Radio und verfolgte das Geschehen auch auf einer an der Wand hängenden Landkarte von Europa.

Eine sehr beliebte Rundfunksendung in diesen anfänglichen siegreichen Kriegsjahren war das monatliche „Wunschkonzert" mit populär beliebten Orchestern, Solisten, Chören, Sängerinnen und Sängern. Melodiöse Partien aus Opern, Operetten und Orchesterwerken wurden dabei abgewechselt mit Interviews und Berichten und Grüßen von Soldaten. Das Kriegsgeschehen sollte in der Vermittlung von Front und Heimat möglichst von allen fröhlich begrüßt werden.

Der Krieg verschärft sich

Zu einem neuen Höhepunkt des Kriegsgeschehens kam es 1941 mit dem Einmarsch deutscher Truppen nach Russland bis vor die Tore von Leningrad (Petersburg) und Moskau. Nun griffen auch die USA in den Krieg gegen Deutschland ein an der Seite von England und Russland mit starkem Seekrieg und übermächtigem Luftkrieg.

Zum Höhepunkt kam es 1943 beim Kampf um Stalingrad (Wolgograd), eine der größten Städte Russlands an der Wolga. Mit einer deutschen Niederlage bei diesem Kampf und dem Verlust von Tausenden deutscher Soldaten tot oder als Kriegsgefangene in Russland kehrte sich nun Deutschlands gesamte Strategie um in Verteidigungskämpfe und Rückzugsbewegungen.

Diese Wendung des Krieges betraf nun auch verschärft die Menschen in Deutschland. Starke Bomberverbände der USA und Englands flogen vermehrt über Deutschland und warfen haufenweise Bomben zur Vernichtung deutscher Städte ab.

Zugleich begannen starke amerikanische Truppen, Europa von den Deutschen zurückzuerobern, angefangen an den Rändern Europas in Italien, Frankreich, Norwegen, und so weiter.

Silvester 1943/1944

Wie es in der Familie Sievers der Brauch war, bestand am Silvester 1943 das Abendbrot aus Kartoffelsalat mit Würstchen. Liselotte hatte in kluger Sparsamkeit den Fleischverbrauch der Familie im Dezember so eingeteilt, dass die Lebensmittel-Fleischmarken noch für drei Würstchen reichten. Danach blieben alle bis Mitternacht in der warmen Stube auf. Das Radio war eingeschaltet, um den Jahreswechsel auf die Sekunde genau zu erleben. Liselotte, die Mutter, schenkte in drei Gläser gewärmten Apfelsaft ein und meinte dabei mit verschämter, doch allgemein verständlicher Entschuldigung lächelnd: „Ich hab' ja leider keinen Sekt." Alle drei warteten stehend mit ihren Gläsern in der

Hand – dann erlösten zwölf Pieptöne im Radio das Warten auf den Jahreswechsel. Man stieß miteinander mit „Prost" ohne viele Worte an und fühlte in diesem ungewöhnlichen Brauch zur ungewöhnlichen Sekunde einen kurzen Lichtblick luxuriöser Leichtigkeit in der gewöhnlichen ernsten Zeit. Die Stimmung in der Familie war mehr gedrückt als hoffnungsvoll, denn die Siegesphase des Weltkrieges war längst vorbei, der weitere Verlauf eher ungewiss. Silvester, ein Punkt in der Zeit zum Innehalten und Nachdenken, war mehr ein großes Fragezeichen.

„Lass uns mal nach draußen vor die Tür gucken", schlug der 13-jährige Eberhard vor. „Warum?", fragte Heinrich, sein Vater. Aber der Junge war schon auf dem Weg zur Haustür, knipste das Flurlicht aus und öffnete die Haustür. Beide Eltern folgten. Sie standen frierend auf der Treppe vor dem Haus. Es war wie zu erwarten stockdunkel und still wie in jeder Silvesternacht in diesen Kriegsjahren. Fröhliches Raketenleuchten und Böllerknallen war wegen der vorgeschriebenen allgemeinen Verdunkelung für alles Licht streng verboten, um feindlichen Flugzeugen keine Orientierung auf der Erde zu ermöglichen. Natürlich gab es überhaupt keine Straßenbeleuchtung. Die Straßenlaternen standen ausgeschaltet dunkel vor dem fahlen Mitternachtshimmel.

Doch dann läuteten die Glocken vom fernen Kirchturm und lösten Gedanken, Fragen und Ängste für das neue Jahr 1944 bei jedem der kleinen Familie aus, als sie so wortlos lauschten. Wie würde der Krieg weiter gehen? Wie lange würde er noch dauern? Konnte man den prahlenden Parolen vom „Endsieg" glauben? Dann kehrte man fröstelnd wieder in die warme Stube und zu dem ernsten Kriegsalltag zurück.

„Wie mag es wohl Reinhard und Detlef ergehen?", fragte Liselotte und dachte dabei an ihre anderen Kinder, fern und in Uniform, „jedenfalls hat heute mein Vater wie in jedem Jahr am 1. Januar Geburtstag. Dem sollten wir in Gedanken gratulieren." – Aber es lag allen die Sorge und die Ungewissheit über das kom-

mende Jahr schwer auf der Seele. Schweigend gingen alle aus
der warmen Stube nach oben in die kalten Betten. Außerdem
gab es unter den dreien ein Geheimnis, an das alle dachten und
das alle doch verschwiegen. War dieses Geheimnis wenigstens
ein Lichtschimmer der Hoffnung? Nur ganz kurz: „Gute Nacht."

Das Schlafzimmer oben in dem Einfamilienhaus war dunkel
und kalt. Liselotte überzeugte sich, dass die Verdunkelungs-
rollos vor den Fenstern heruntergelassen waren, ehe sie das
Licht einschaltete. Wegen der Verdunkelungsvorschrift waren alle Fenster mit dunklen Rollos abgedichtet. Betrat man
abends ein Zimmer, so galt unbedingt die Regel: erst zum
Fenster und das Rollo herunterziehen, dann erst zurück zum
Lichtschalter. In jeder Straße kontrollierte ein Luftschutzwart
die gewissenhafte Befolgung der Verdunkelungsvorschrift. Er
sah und bemängelte jeden kleinsten Lichtblitz aus den Fenstern der Wohnungen.

Einkaufen

Einige Tage nach Neujahr schickte Liselotte den Jungen zum
Einkaufen los. Der Weg die lange „Wilhelm-Gustloff-Straße"
entlang von dem Eigenheim Nr. 14 in der „Siedlung", wie die
Gronauer sagten, bis zum Zentrum des Städtchens mit den Ge-
schäften war weit. Darum war Eberhard gewohnt, das Einkaufen für die Familie zu besorgen, wie er überhaupt seinen Beitrag
für das Überleben der Familie klaglos leistete, soweit die Schule
und der Hitlerjugend-Dienst Zeit ließen. Die Mutter legte die
drei Lebensmittelmarken auf den Küchentisch, und anhand der
Möglichkeiten, die die rationalisierten Nahrungsmittel boten,
sprachen beide über die Einkäufe beim Bäcker, beim Schlach-
ter, im Milchgeschäft und im Kolonialwarenladen: 125 g Käse,
1 Paket Kaffee-Ersatz, 200 g Mett, 1000 g Brot …

Mit Einkaufstaschen, Portemonnaie und Lebensmittelmarken zog Eberhard los. Er nahm auch das Familien-Geheimnis mit, ohne dass die Eltern wussten, dass er das Geheimnis längst kannte: Liselotte war schwanger. Die Eltern trauten sich nicht, mit ihrem Sohn darüber zu sprechen. Dabei war Eberhard nicht dumm und wusste in seinem Alter über die Zusammenhänge zwischen Sex und Geburt mehr Bescheid als seine Eltern ahnten. Er hatte unübersehbare Zeichen einer bevorstehenden Geburt eines Kindes in der Familie wohl bemerkt. Aber da das Thema in der Familie tabu war – nicht unter Freunden in der Schule –, behielt er das Geheimnis auch für sich. Zu diesen Anzeichen gehörte, dass bereits seit geraumer Zeit auf der Wäscheleine im Garten die handbreiten länglichen weißen Tücher fehlten, die die Mutter sonst regelmäßig zum Trocknen aufhängte. Nicht die Mutter, sondern die Schulfreunde erklärten Eberhard den Gebrauch dieser Tücher für die Frauen und warum sie nun nicht mehr nötig waren und was man aus dieser Tatsache erkennen konnte.

Eberhard musste in jedem Laden zusammen mit seinem Kaufwunsch die Lebensmittelmarken auf den Ladentisch legen. Dann schnitt die Verkäuferin die entsprechend bedruckten Abschnitte mit einer Schere ab. Die Bäckersfrau hatte Eberhard einmal, als es im Laden leer war, erzählt, wie es mit den Lebensmittelmarken weiter geht. Das Geschäft musste die Abschnitte beim Wiedereinkauf dem Großhandel vorlegen, sortiert, gebündelt und aufgelistet, der Großhandel dem Ernährungsamt. Nach dieser Lebensmittelmarken-Liste konnte das Bäckergeschäft dann wieder Mehl und Zutaten einkaufen.

Dieses Mal las Eberhard vor einem Kolonialwarengeschäft auf einem Plakat an der Schaufensterscheibe eines Lebensmittelgeschäfts: „Sonderzuteilung von Butter und Käse für Frauen mit Kleinkindern und für Schwangere." Sonderzuteilungen gab es in unregelmäßigen Abständen zusätzlich über Lebensmittelmarken hinaus. Sie galten immer nur „solange der Vorrat reicht". Eberhard stutzte und fand sich in arger Verlegenheit. „Nur für schwangere Frauen?" Also für die Mutter! Man musste bei solchen Ankündigungen immer schnell handeln, um jede Gelegenheit gegen den bohrenden Hunger zu nutzen, brauchte aber für diese spezielle Sonderzuteilung den Schwangeren-Ausweis.

Eberhard rannte mit beiden vollen Taschen nach Hause, und da blieb ihm nun nichts anderes übrig, als die Mutter aufzuklären. Ihr blieb bei dieser Eröffnung die Spucke weg, dann nahm sie lachend ihren Sohn in den Arm und gestand ihm: „Ja, ich bekomme ein Kind. Und du eine Schwester oder einen Bruder." – „Und was wünschst du dir?" – „Am liebsten nach drei Jungen ein Mädchen." Die Mutter rückte nun den Schwangeren-Ausweis heraus, den sie bisher immer vor ihrem Sohn versteckt hatte. „Nun lauf los!" Eberhard rannte, so schnell er konnte. Von nun an nahm er vorsichtshalber den Schwangeren-Ausweis stets bei jedem Einkauf mit.

Schnee schippen

Als Eberhard nach den Weihnachtsferien wieder zu seiner Schule ging, der Kreismittelschule Gronau, erlebte er eine Überraschung, die sonst eigentlich von Schülern freudig quittiert wurde, hier aber mit gemischten Gefühlen aufgenommen wurde: Die Schule fiel während des Monats Januar aus! Der Grund war, dass die Heizungsration an Kohlen für die Schule erschöpft war und keine neue bewilligt worden war. Im Winter konnte man aber in völlig eiskalten Klassenräumen keinen Unterricht erteilen. Die Lehrer und Lehrerinnen eilten nun von Klasse zu Klasse und gaben Aufgaben auf für die lange unterrichtsfreie Zeit: Mathematik-Aufgaben, Fremdsprachen-Lektionen, Aufsätze … Dann wurden die Schülerinnen und Schüler wieder nach Hause geschickt. Eberhard traf sich in diesen Wochen ein paar Mal mit einigen Freunden bei seinem Freund Walter, um die gelösten Aufgaben zu vergleichen, die Lektionen durchzugehen, und so weiter. Die Jungen und Mädchen machten in diesem Notfall für sich selbst Schule! Sie verabredeten und halfen sich gegenseitig, zum Beispiel, um bei dieser Gelegenheit die ganze lange Ballade „Die Bürgschaft" von Friedrich von Schiller auswendig zu lernen.

Nach der winterlichen Zwangspause, den durch „Kohlenferien" über den ganzen Monat Januar verlängerten Weihnachtsferien, wollten die Schüler der Kreismittelschule im Februar nun wieder im gewöhnlichen Schulbetrieb weiter lernen. Aber da erlebten sie eine erneute Überraschung: Es hatte tags zuvor stundenlang dick geschneit. Eberhard und sein Vater mühten sich gleich morgens früh ab, die Berge von Schnee auf der Straße vor dem Haus von der Fahrbahn wegzuschaufeln und die Zufahrt zum Haus frei zu kriegen. Das winterliche Unwetter hatte aber auch die Reichsstraße 3 erwischt, die einen Kilometer westlich an Gronau vorbeiführte und eine äußerst wichtige Verkehrsverbindung von Nord nach Süd darstellte. Den Ämtern und Betrieben, die für den Straßenzustand verantwortlich waren, fehlten aber in dieser Kriegszeit sämtliche Fahrzeuge und Arbeitskräfte, um mit diesen riesigen Schneemassen auf den Reichsstraßen fertig zu werden. Die einzigen Arbeitskräfte, die für die kriegswichtig notwendige Arbeit in dieser Notsituation zur Verfügung standen, waren Schüler.

Also wurden alle Schüler der Kreismittelschule Gronau aufgefordert, wieder nach Hause zu gehen und Schaufeln, Schneeschieber und Spaten zu holen und sich danach gleich wieder in der Schule einzufinden, um zur Reichsstraße 3 zum Schneeräumen zu gehen. Weil eine Reihe von Schülern von auswärts kam, mussten für diese zusätzlich auch Werkzeuge mitgebracht werden. So musste auch Eberhard an diesem Tag Schnee schippen, statt die Schulbank zu drücken. Als die Schüler die Reichsstraße erreichten, hatten sich dort tatsächlich hohe Schneeberge auf der Fahrbahn aufgetürmt, die der eisige scharfe Westwind zusammengeweht hatte. Die Schüler – auch die Schülerinnen und auch die Lehrer und Lehrerinnen – wurden in Straßenabschnitte eingeteilt und machten sich an die schwere Arbeit. Stundenlang, mit kurzen Erholungspausen, schufteten sie, bis die Fahrbahn einigermaßen wieder frei und befahrbar war. Rechts und links türmten die Schüler meterhohe Schneeberge auf.

Sie arbeiteten nicht nur, sondern machten wie alle Kinder in dem Alter auch viel Quatsch. Für Schneeballschlachten verging ihnen der Spaß, aber irgendeiner kam auf die Idee, die Parole zu zitieren, die seit einiger Zeit an der Backsteinwand des Güterschuppens am Bahnhof prangte: „Räder müssen rollen für den Sieg". Daraus machte einer der Schüler „Schnee müssen wir schippen für den Sieg". Der Spruch sprach sich in Windeseile unter allen Schneeschippern herum und wurde dauernd wiederholt, nur die Lehrer, die mehr herumstanden und hier und dort Anweisungen oder Ratschläge gaben, ließ man davon lieber nichts merken. Sowie kein Lehrer in Sicht war, lebten die ironischen Sprechchöre wieder auf.

Bis einer der Schüler sich an den „Kohlenklau" erinnerte. Als wenn die Versorgung der Bevölkerung mit Kohlen für ihre Öfen nicht knapp genug war und viele Menschen in ihren Wohnungen oft frieren mussten, wollte die Regierung mit Propaganda noch darüber hinaus gegen Kohlenverschwendung angehen und malte an einige Häuserwände die Schattenkarikatur eines Mannes mit Schlägermütze, der einen Sack mit Kohlen auf dem Rücken schleppt, den „Kohlenklau". Nun hatten einige Schüler, von woher auch immer, das dazu gehörige Spottlied gehört: „Das ist der Kohlenklau! Fiederum-bum-bum! Der Kohlenklau geht rum." Dieser gesungene Spruch machte sich nun zum Lachen bei den Schneeschippern breit und wurde zur beliebten kurzweiligen Unterhaltung, und sogar die Lehrer lachten mit.

Erst am Nachmittag schleppten sich alle todmüde wieder nach Hause zurück. Und am nächsten Tag saßen sie wieder auf ihren Bänken in die Schulklasse. So forderte der Krieg den Einsatz auch in der Heimat und auch für Kinder. Dass diese Aktion ein tatkräftiger Beitrag der Heimat für den „Endsieg" war, wurde zwar propagandistisch öffentlich in der Lokalzeitung gewürdigt, aber hinter vorgehaltener Hand zitierten die Jungen und Mädchen der Schule so einen Satz wie „Schnee müssen wir schippen für den Sieg" nur mit unverhohlener Ironie.

Heinrich

Heinrich musste täglich um 7 Uhr im Überlandwerk Leinetal sein, dem Elektrizitätswerk für den Landkreis Alfeld. Heinrich war als Elektro-Ingenieur seit Jahren in diesem Werk tätig. Als der Krieg ausbrach, wurde der Betriebsleiter als Soldat eingezogen, und Heinrich, damals 54 Jahre alt, musste die Leitung übernehmen. So ging er täglich 15 Minuten zu Fuß ins Werk, kam zur Mittagspause nach Hause und ging am Nachmittag wieder zur Arbeit. Da war an achtstündige Arbeitszeit nicht zu denken. Die verantwortungsvolle Stellung zur technischen Aufrechterhaltung der Energieversorgung erforderte seinen ganzen Einsatz. Er hatte keinen Stellvertreter, erhielt keinen Urlaub, konnte keine Überstunden abbummeln, war täglich 24 Stunden in Rufbereitschaft. Er war ein kleiner, drahtiger Mann, fleißig, pflichtbewusst, zäh, aber auch oft kleinkariert genau und politisch der nationalsozialistischen Ideologie treugläubig ausgeliefert. Heinrich Sievers war Mitglied der NSDAP, aber kein überzeugter Nationalsozialist, sondern ein unkritischer Mitläufer. 1933 war er froh, dass die Straßenkämpfe zwischen Kommunisten und Nazis aufhörten und eine große Volkssympathie der neuen „Nationalen Bewegung" entgegengebracht wurde. Heinrich trat in die Nationalsozialistische Deutsche Arbeiterpartei NSDAP und in die SA ein, eine halbmilitärische Partei-Organisation. Die SA marschierte in Reih und Glied durch die Straßen im wöchentlich regelmäßigen SA-Dienst. Als Heinrich merkte, was für ein rauer, oft rüpelhafter Ton unter den „Kameraden" herrschte, die meistens Arbeiter waren, war diese Gruppe nicht sein Umgang, und er trat aus der SA nach einem Jahr wieder aus.

Nachts sprang er beim ersten Ton eines Fliegeralarms aus dem Bett und machte sich auf den Fußweg zur Arbeitsstätte, wie es seine Pflicht war. Die Frau und der Sohn nahmen es inzwischen lässiger, eilten nicht sofort in den Luftschutzkeller des Hauses, sondern warteten gelassen im Bett, bis sie gegebenenfalls Flugzeugmotoren hörten. Dann schauten sie von der Straße aus, ob feindliche Flugzeuge, explodierende Flakgranaten oder herum suchende Flak-Scheinwerfer das Herannahen feindlicher Flugzeuge anzeigten. Nach der Entwarnung – manchmal schon nach einer halben Stunde, manchmal erst nach Stunden – kam der Vater zurück, und alle setzten die unterbrochene Nachtru-

he fort, ohne den fehlenden Schlaf am nächsten Morgen nach-
holen zu können.

Das Überlandwerk Leinetal durfte einen Pkw unterhalten, um die
Versorgung des Kreises mit elektrischer Energie sicherzustellen.
Deshalb kam Heinrich oft in der Umgebung herum für Kontrol-
len und Reparaturen am elektrischen Leitungsnetz. Manchmal
gelang es ihm, bei Bauern in den Dörfern etwas für die eigene
Familie abzustauben, zum Beispiel einen halben Sack voll Kartoffeln, ein Stück Schinken oder ein geschlachtetes Huhn. Es
gab Landwirte, die ein Herz dafür hatten, bürgerlichen Familien
in der Stadt gelegentlich etwas gegen ihren Hunger zukommen
zu lassen. Eines Tages kam Heinrich mit einem Beutel Körner
als Hühnerfutter nach Hause. Diese glückliche Überraschung
zugunsten des im Garten des Eigenheimes angelegten Hühner-
hofes wurde mit Begeisterung empfangen.

Der Elektro-Ingenieur Heinrich Sievers hatte unter kriegsmä-
ßigen Bedingungen die äußerst schwierige und verantwortliche Aufgabe, im ganzen Landkreis Alfeld die elektrische Energie für Privathaushalte, öffentliche Einrichtungen, Geschäfte
und Fabriken sicherzustellen. Er hatte lediglich ältere Arbeiter und Angestellte zur Verfügung für die vielfältigen Aufgaben, die keine Neubauten, sondern die Instandhaltung des
Stromnetzes und der örtlichen über- und unterirdischen Lei-
tungen betrafen sowie der Hochspannungs- und Niederspan-
nungsanlagen (Transformatoren). In den Wohnungen reichte
die Zuständigkeit des Elektrizitätswerkes lediglich bis zum
Stromzähler, zum Ablesen des Verbrauchs und zum Kassie-
ren der Stromrechnung. Die Elektrizität wurde in Wohnungen
außer für Glühlampen lediglich für Elektroherde und Koch-
platten, Wasserkocher, Bügeleisen und Radios gebraucht. Für
das Überlandwerk Leinetal wichtig waren weniger die elektrischen Energieverbraucher in den Haushalten als vielmehr
die Fabriken, die Krankenhäuser, die militärischen Anlagen.
Heinrich versah diese Aufgaben mit fachlicher Gewissenhaf-

tigkeit, mit Fleiß und Sorgfalt. Da blieb nur wenig Zeit für die
von ihm so geliebte Arbeit im Garten, der die gesamte Versorgung der Familie mit Obst und Gemüse sicherstellte. Ein Obst-
und Gemüse-Geschäft gab es in Gronau nicht. Alle Menschen
in ländlichen Gegenden waren für frische Vitamine auf ihren
eigenen Garten angewiesen.

Liselotte

Liselotte Sievers war 41 Jahre alt und ihre Freundinnen rieten:
„Du musst dich beeilen, wenn du noch ein Kind haben willst."
Und dabei war doch ein viertes Kind ihre größte Sehnsucht.
Als junge Frau waren Kinder zu ihrem Lebensziel geworden,
wie sie damals in ihrem Tagebuch vermerkte, und hinzufügte:

„Was vorher kommt, das muss eben sein." So wurde sie ihren drei Jungen eine liebevolle, nur selten strenge Mutter, und auf alle drei – je im Abstand vor drei Jahren – war sie richtig stolz.

Sie hatte nach der Schule ein Jahr in einer Haushaltungsschule Haushaltsführung gelernt und war eine fleißige, geschickte und sorgfältige Hausfrau in dem bürgerlichen Haushalt eines Elektroingenieurs in einem Einfamilienhaus. Sie hatte sich geschickt den Rationalisierungen der Lebensmittel während des Krieges angepasst und hatte neue sparsame Rezepte ausprobiert und erfunden, um die Familie auch mit wenigem gesund zu ernähren. Dazu half der große Garten, dessen Obst und Gemüse natürlich entsprechende viel Arbeit erforderte. Außerdem wurde ein Stückchen des Gartens abgeteilt als Hühnerhof.

Schließlich bauten Heinrich und Eberhard neben der Terrasse einen hölzernen Verschlag als Stall für ein Schwein, das gemästet wurde, um die Fleischversorgung der Familie zu sichern und anzureichern. Heinrich erstand bei einem Bauern ein Ferkel und brachte es nach Hause. Dabei war der Futtertrog so geschickt angebracht, dass man ihn von draußen füllen konnte, ohne die Tür öffnen zu müssen. Zugleich konnte das Tier daraus von innen fressen und trinken. Man musste nun Stroh besorgen als Streu für die 9 m² Stallfläche und musste regelmäßig ausmisten und den Mist im Garten als Dünger untergraben.

Natürlich war das Einfamilienhaus in Gronau kein Bauernhof, aber die Lebensmittelnot zwang einen bürgerlichen Haushalt auch zu ungewöhnlichen Maßnahmen wie Hühnerhof und Schweinestall, was zwar viel Arbeit mit völlig neuen Handgriffen und Werkzeugen erforderte, aber in einem Einfamilienhaus gab es doch glücklicher Umstände dafür. Da das Bauland neben dem Garten von Sievers nicht bebaut wurde, konnte man ein Stück Ackerland pachten, um darauf Futterrüben anzubauen für das Schwein. So führten Heinrich und Liselotte kriegsbedingt einen kleinen landwirtschaftlichen Betrieb. So stellte sich Liselotte nicht nur auf Haushalt und Gartenarbeit ein, sondern auch auf Hühner- und Schweinefüttern.

Die Freunde, Bekannten und Nachbarn, denen man diese Errungenschaften des Einfamilienhausbetriebes stolz zeigte, reagierten bewundernd und humorvoll. „Dann seht mal zu, dass ihr das Schweinchen mit Kohlblättern fett kriegt", lachten sie freundlich, „damit es beim Schlachtfest keinen Kindermord geben muss."

Liselotte war musikalisch, spielte leidenschaftlich gern Salonstücke auf dem Klavier, sang mit im Frauenchor der Kirchengemeinde und betätigte sich dort als Schriftführerin, denn sie konnte sich schriftlich gewandt und lebendig ausdrücken und war in der Familie die fleißige Briefschreiberin. Das war für alle verwandtschaftlichen und freundschaftlichen Kontakte wichtig. Ein Telefon gab es in der Familie Sievers nie. Leider wurde der Chorleiter, der Organist der Evangelischen Kirche, gleich zu Beginn des Zweiten Weltkrieges als Offizier eingezogen, so dass das Chorsingen erlahmte. Ein Ersatz für ihn fand sich nicht.

In ihrer sozialen freundlichen Art wurde Liselotte Mitglied der NS-Frauenschaft und erlebte in den Feierstunden der Frauen die feierliche Verleihung von Mutterkreuzen als Orden für Mütter von 4, 6, 8 und mehr Kindern. Man tut ihr nicht Unrecht, wenn man annimmt, dass ein solcher Orden ihre Motivation für ein viertes Kind noch beflügelte. Das war zwar ganz im Sinne der nationalsozialistischen Familien-Ideologie, aber ihre Freundinnen warnten auch: „Und das mitten im Krieg?"

Doch Liselotte war eine unerschütterliche angstfreie tapfere Frau. Wie sie ihre Kinder großzog und die Familie durch schwere Kriegs- und Hungerzeiten durchbrachte, verdient Bewunderung. Dabei war Liselotte auch in ihrer volkskirchlichen Frömmigkeit der Mittelpunkt der Familie für das tägliche Tischgebet, für gelegentliche Gottesdienstbesuche, für Taufe, Kindergottesdienst und Konfirmation der Kinder. So trug sie auch im schweren Kriegsjahr 1944 ihre Schwangerschaft mit Tapferkeit und mehr mit erwartungsvoller Freude als mit sorgenvollen Gefühlen.

Detlef und Reinhard

Detlef, der zweite Sohn in der Familie Sievers, besuchte seit 1940 die Scharnhorst-Oberschule für Jungen in Hildesheim. Er fuhr als Fahrschüler täglich mit der Bahn zur Schule. 1943 wurde er als 16-Jähriger mit seiner ganzen Klasse als Flakhelfer einberufen und in einer Fliegerabwehrstellung in Hannover eingesetzt. Die Jungen waren teilweise Soldaten in Uniform und in militärischer Ordnung, teilweise aber auch noch Schüler mit täglichem Unterricht. Gelegentlich kam Detlef an kurzen Urlaubstagen nach Hause in Gronau und erzählte dann von seinen Erlebnissen in der Flakstellung.

Der älteste Sohn Reinhard, der sich als begeisterter Segelflieger in der Flieger-Hitlerjugend mit 18 Jahren freiwillig als Soldat in die Luftwaffe gemeldet hatte, um seinen Wunsch zu verwirklichen, als Flugzeugführer zu fliegen, musste sich lange über eine unnütze und langweilige Zeit als deutscher Besatzungssoldat in Frankreich ärgern. Von dort erzählte er in seinen Briefen, wie er sich in der Normandie die Zeit vertrieb und mit hübschen Französinnen herumschäkerte. Er hatte einmal mit einem Feldwebel über sein Problem gesprochen, dass man ihn nicht in die Piloten-Ausbildung schickte, sondern in Frankreich herumgammeln lasse. Der Feldwebel gab ihm den Rat, in die Partei einzutreten, Parteimitglieder würden immer bevorzugt. Doch das nützte auch nichts. Als Reinhards Eltern von seinem Antrag erfuhren, in die NSDAP einzutreten, schüttelten sie verständnislos den Kopf, weil sie sich keinen Reim daraus machen konnten. Er war zwar Hitlerjugendführer gewesen, doch kein überzeugter Nationalsozialist."

Reinhards Ungeduld, noch nicht in die Ausbildung zum Piloten übernommen zu werden, hatte außerdem einen besonderen Grund im Verlaufe des Weltkrieges. Am Anfang des Krieges hatte die Luftwaffe einen erheblichen Anteil an den siegreichen deutschen Feldzügen in Polen und in Frankreich. Die JU 87, die „Stuka" (Sturzkampfbomber), waren von den Feinden gefürchtet. In diesen Erfolgen gründete Reinhards Motivation, Flugzeugführer zu werden. Mit dem Eintritt der USA in den Krieg und dem vollen Einsatz der Luftwaffe im Feldzug in die Sowjetunion wuchs jedoch die Übermacht der amerikanischen und britischen Flugzeuge in deutlich zunehmendem Maße. Von 1943 an musste sich die Taktik der deutschen Luftwaffe von einer Angriffswaffe zu einer Verteidigungswaffe ändern.

Die Kameraden, mit denen Reinhard in Frankreich sein Problem diskutierte, rieten ihm von seinen Flugzeugführer-Plänen ab. „Wir brauchen keine Bomber mehr, sondern nur noch Jagdflugzeuge", sagten sie, „um die feindlichen Angriffe auf deutsche Städte zu unterbinden. Wenn du Pilot bist, stecken sie dich in eine Me 109, aber die neuen amerikanischen Jäger, die die feindlichen Bomberverbände begleiten und schützen, sind schneller und wendiger. In einer Me 109 bist du in einem Todeskommando!" Solche Warnungen hörte Reinhard Sievers wohl mit ernstem Bedenken, sie änderten aber nichts an seinem Vorsatz, Flugzeugführer zu werden.

Eines Tages im März kam nun ein wichtiger Brief von Reinhard in der Familie in Gronau an. Er schrieb nun nicht mehr aus Frankreich, sondern aus Wald-Polenz bei Wurzen in der Nähe von Leipzig. Dort befand sich ein Flugplatz, auf dem auch Piloten ausgebildet wurden. „Endlich, endlich", frohlockte Reinhard, „jetzt werde ich endlich Flugzeugführer!"

Reinhard

Detlef

Eberhard

Eberhard, der jüngste der drei Sievers-Söhne, war 1940 von der Grundschule zur Kreismittelschule Gronau übergegangen. Nachdem seine beiden älteren Brüder als Soldaten eingezogen wurden, blieb er mit seinen Eltern allein. Er ging gern zur Schule, hatte dort viele Freunde und lernte eifrig und fleißig. In seine Klasse gingen viele auswärtige Schüler aus den Dörfern, die Gronau benachbart waren. Diese Schüler fuhren täglich kilometerweit mit dem Fahrrad zur Kreismittelschule, denn öffentliche Busverbindungen nach Gronau gab es nicht.

Die Stadt Gronau hatte in den zwanziger Jahren ihre Volksschule zur Kreismittelschule erweitert und mit großem Stolz an den Leinewiesen ein neues großes und hochmodernes Schulgebäude errichtet. Dort waren Detlef und Reinhard jahrelang zur Schule gegangen. Sofort nach dem Ausbruch des Zweiten Weltkrieges wurde dieses Gebäude als Lazarett für verwundete Soldaten eingerichtet. Die Mittelschule musste es nun räumen und bekam ein Ausweichquartier in der Volksschule, die deshalb im Krieg zusammenrücken musste, und in dem angrenzenden Amtshaus, wo Wohnungen und Amtsräume für den Unterricht der Mittelschule frei gemacht wurden.

Als viele Lehrer auch zur Wehrmacht eingezogen wurden, mussten die Lehrerinnen und älteren Lehrer allein den Unterricht übernehmen. Der Nationalsozialismus wirkte seit Jahren so in das Unterrichtsgeschehen ein, dass dann, wenn ein Lehrer oder eine Lehrerin eine Schulklasse betrat, alle Schülerinnen und Schüler aufstanden. Der Lehrer hob dann den rechten Arm zum Hitler-Gruß, den die Schüler im Sprechchor erwiderten und sich dann erst hinsetzten. Man merkte den Lehrern an, ob sie diese Zeremonie schneidig betonten oder wie einen ungeliebten Ritus pflichtgemäß durchzogen.

Zum Schulbeginn nach den Ferien traten alle Schüler klassenweise geordnet auf dem Schulhof an, der Rektor hielt eine Ansprache, der man das nationalsozialistisch vorgeschriebene Vokabular anmerkte, und dann sang die ganze Schule mit zum Hitlergruß erhobenen Armen die beiden Nationalhymnen „Deutschland, Deutschland über alles" und „Die Fahne hoch". Von dem Rektor Dr. Schallas und dem Lehrer Bunner war bekannt, dass sie früher den Sozialdemokraten zugeneigt gewesen waren – was sie nie zeigen durften –, während Fräulein Klaaßen Führerin der Gronauer NS-Frauenschaft war. Eberhard hat unabhängig von ihrer politischen Einstellung bei allen Lehrern sehr guten Unterricht erhalten und hat in der Gronauer Kreismittelschule viel gelernt.

In Eberhards Freizeit gehörte zweimal in der Woche nachmittags ein Dienst im Jungvolk der Hitlerjugend. Als Kind waren die Straße, die kleine Stadt und ihre landschaftliche Umgebung mit Feld und Wald, Fluss und Hügeln seine Spielplätze. Er stromerte weit herum, manchmal mit dem Fahrrad, „bolzte" Fußball mit seinen Freunden und ging im Sommer schwimmen im modernen Gronauer Schwimmbad. Aber der Krieg mit seinen Anforderungen an das schwieriger gewordene Familienleben ließ das Spiel ersterben. Jetzt war viel tüchtige kindliche Mithilfe bei Arbeiten in Haus und Garten gefordert.

Christiane

Die Geburt des Kindes wurde für Anfang März erwartet, deswegen waren Liselotte und Heinrich erleichtert, als der 29. Februar im Schaltjahr 1944 vorüber war. Am 2. März ging dann alles sehr schnell. Heinrich brachte seine Frau im werkseigenen Auto ins Johanniter-Krankenhaus in Gronau. Die Hebamme lud Heinrich erst mal zu einer Tasse Kaffee (natürlich Malzkaffee) ein. Dabei hätte sie fast die Geburt im Kreißsaal verpasst, so schnell ging es. Für Liselotte war das kleine Mädchen ein unfassbar großes schönes Wunder. Sie war, wie sie später eingestand, für einen Augenblick wunschlos glücklich, bis ihr der Krieg wieder einfiel. Die Kleine erhielt den schönen Namen Christiane.

Wie nahmen nun die drei großen Brüder ihre kleine Schwester auf? Die erziehungsbewusste Mutter hielt ihre Kinder sorgfältig zur Mitarbeit in der bürgerlichen Haushaltswirtschaft im Haus der großen Familie Sievers an: fegen und wischen, Holz hacken und im Ofen Feuer machen, Geschirr spülen, abtrocknen und wegräumen, Hühner schlachten und rupfen, Kartoffeln schälen und Tisch decken ... Die Jungen machten das murrend mit und meinten in ihrem Jungen-Jargon „Teller abtrocknen ist Weiberkram. Warum gibt es in unserer Familie keine Mädchen?", obwohl sie ahnen konnten, dass sie im späteren Leben von diesen Haushaltserfahrungen profitieren würden. Nach Christianes Geburt aber sagten sie: „Nun ist es doch zu spät. Bis die Kleine einmal so groß ist, dass sie abtrocknen kann ..." Und als Reinhard, der 19-jährige Unteroffizier, bei seinem Vorgesetzten um Urlaub zur Geburt seiner kleinen Schwester vorsprach, lachte der: „Na, dass das Ihre kleine Schwester sein soll, glaubt Ihnen doch keiner!"

Einige Wochen nach der Geburt der kleinen Christiane wurde Liselotte wieder zur Arbeit verpflichtet, wie damals alle gesunden Frauen. Mit Rücksicht auf das Baby erhielt sie eine Heimarbeit, die sie in ihrer Wohnung verrichten konnte. Sie bekam von einer nahen Lederwarenfabrik einen Haufen von sogenannten Brotbeuteln für Soldaten, Taschen, die hinten an der Koppel befestigt getragen wurden und für die Unterbringung und Mitnahme nicht nur von Lebensmitteln, sondern von allerlei Geräten, Materialien und Werkzeugen dienten. Liselotte musste nun Knöpfe an diese Brotbeutel für die Uniform-Ausrüstung von Soldaten annähen, und zwar in bestimmter Zeit immer für eine bestimmte Anzahl von Brotbeuteln. Sie stöhnte oft über das dicke schwarze Garn und über den dicken schweren Stoff und über die spitzen Nadeln. Liselotte bekam diese kriegswichtige Arbeit auch bezahlt, für jeden fertigen Brotbeutel 0,80 Reichsmark. Der erarbeitete Lohn wurde auf ein Sparbuch eingezahlt, denn kaufen konnte man nichts, alles war entweder knapp oder gar nicht zu haben. Liselotte fiel diese Heimarbeit schwer. Sie musste ja auch den Haushalt, den Garten, das Schwein und die Hühner versorgen, mit wenig Lebensmitteln das tägliche Essen für die Familie bereithalten und für die kleine Tochter da sein.

Es wurde ihr für ihr neugeborenes Kind als Haushaltshilfe ein sogenanntes Pflichtjahr-Mädchen zugebilligt. Alle Mädchen von 14 Jahren, die die Volksschule nach der 8. Klasse verließen, waren verpflichtet, vor weiterer Ausbildung für ein Jahr als Haushaltshilfe zu arbeiten. So kam die 14-jährige Lisa aus Braunschweig zu der Sievers-Familie nach Gronau. Für Lisa, die aus einfachen Verhältnissen kam, war dieses Jahr in einem bürgerlich geordneten Haushalt ein Glücksfall. Hier wurde vor jeder Mahlzeit ein Gebet gesprochen, ja, die Mahlzeiten wurden sogar immer gemeinschaftlich eingenommen, und auf dem Tisch stand ein Blumenstrauß. Lisa war ein fleißiges und zuversichtliches Mädchen und damit eine gute Hilfe für die Hausfrau in diesen schweren Kriegszeiten. Sie verstand auch schnell, die kleine Christiane sorgfältig zu versorgen und damit Liselotte zu entlasten, die stundenlang am Annähen von Knöpfen beschäftigt sein musste.

Eberhards Konfirmation

Im Monat März stand die Konfirmation Eberhards bevor. Das Problem war, er hatte keinen Konfirmationsanzug. In den kurzen Hosen, in denen er fast das ganze Jahr über herumlief, im Winter mit langen Strümpfen und Strapsen, konnte er nun wirklich nicht konfirmiert werden. Und seine einzige lange Hose war eine zur Hitlerjugend-Uniform gehörende Schi-Hose, die unten zugebunden wurde und deshalb Überfallhose hieß. In der Stadtverwaltung erhielt er zwar einen „Bezugsschein für einen Anzug mit langer Hose“, aber der nutzte ihm in dem Gronauer Textilgeschäft nichts, weil es da keine Anzüge zu kaufen gab. Da erreichte die Familie das Gerücht, in Hannover gäbe es in dem großen Herren-Bekleidungs-Geschäft Erdmann Konfirmationsanzüge. Also wurde der inzwischen 14-jährige Eberhard allein mit dem Bezugsschein nach Hannover geschickt. Der Vater war im Betrieb unabkömmlich, die Mutter hatte mit dem kleinen Baby zu tun.

Eberhard fuhr mit der Eisenbahn richtig nach Hannover, aber als er aus dem Bahnhof trat, stand er vor lauter Ruinen und Bergen von Schutt. Ein Großangriff von Bombern, deren „Tannenbäume“ man von Gronau aus in der Nacht hatte sehen können, bunte Lichtzeichen zur Orientierung der Bombenabwurfziele, hatte die Innenstadt Hannovers vor einigen Monaten in Schutt und Asche gelegt. Unter den Ruinen war von einem großen Textilgeschäft keine Spur zu sehen – aber doch: Da gab es einen kleinen Laden mit einem Schild „Erdmann“. Eberhard betrat den Laden, etwas größer als eine mittelgroße Küche in der Wohnung. Doch das Gerücht in Gronau stellte sich als Falschmeldung heraus. Anzüge gab es überhaupt nicht. Die einzige zu kaufende Textilware in dem früher größten Herren-Ausstatter-Geschäft Hannovers waren einige schwarz gefärbte gebrauchte Soldatenmäntel, und auch die gab es nur mit Bezugsschein. Unverrichteter Dinge und tief enttäuscht zog Eberhard wieder ab. Auf dem Rückweg zum Hauptbahnhof kam er an der Ruine des früher stattlichen Staatstheaters Hannover vorbei. Ein Mann stöberte in dem Schuttberg herum und hielt ein halbverbranntes hölzernes Schild in der Hand, auf dem stand „2. Rang rechts“.

Die Mutter hatte den rettenden Einfall: „Unser Nachbar Reese wurde doch vor zwei Jahren konfirmiert. Frag den mal, ob er dir seinen Konfirmationsanzug leiht." Genauso ging es. Nur – man nannte ihn „Hüpper Reese", weil er so klein und dünn war –, der Anzug passte sehr, sehr knapp, obwohl Eberhard auch nicht dick war. Aber die Kleidungsfrage war gerettet. Eberhards Freund und Mitkonfirmand Heinz erzählte später, als Eberhard zum Empfang des Konfirmations-Segens vorne vor dem Altar kniete, hätte er, Heinz, gedacht: Hoffentlich platzt ihm jetzt nicht die Hose!

Mitten im Gottesdienst zur Konfirmation am 19. März in der großen evangelischen Kirche in Gronau passierte das, was viele befürchteten: Sirenen-Geheul zum Fliegeralarm. Es war klar, was in solchen Situationen zu geschehen hatte. Alle Gottesdienstbesucher mussten sich unverzüglich nach Hause in ihren Luftschutzkeller begeben. Man war verärgert und traurig über die Störung ausgerechnet am Sonntagmorgen. Und was sollte nun aus der Konfirmation werden? Was aus der Familienfeier? Diesmal dauerte es Gott sei Dank nur eine Stunde, und von feindlichen Flugzeugen war nichts zu bemerken. Dann kam die Entwarnung, und der unterbrochene Gottesdienst konnte fortgesetzt werden. Die Konfirmandinnen und Konfirmanden mit ihren Angehörigen kamen wieder in die Kirche, die meisten anderen Gemeindeglieder blieben nun zu Hause.

Zur Konfirmationsfeier konnten aus kriegsbedingten Gründen keine Paten des Konfirmanden Eberhard kommen, nur Liselottes Vater Robert Juch aus Lippstadt. Der half in seiner freien Zeit in einer großen Gärtnerei für Blumen, Obst und Gemüse aus. Dort hatte er eine Flasche Wein erstanden, eine seltene Kostbarkeit als mit Dank bewundertes Konfirmationsgeschenk in Gronau. Der Großvater konnte bei solchen Gelegenheiten treffliche Reden halten. So tat er es bei Eberhards Konfirmation auch bei dem festlichen Mahl, für das die Mutter wochenlang Lebensmittel aufgespart hatte. Robert Juch beendete seine feurige Rede auf den jungen Enkel, der nun erwachsen werden wollte, mit einem „Prost auf den Konfirmanden!" und bat alle, aufzustehen und mit anzustoßen. Das taten sie und nahmen einen Schluck.

Aber dann verzogen alle ihr Gesicht zu fürchterlichen Grimassen, weil der Trank so entsetzlich sauer schmeckte. Es stellte sich heraus, dass in der Flasche keineswegs Wein war, sondern sie war verwechselt worden mit ungesüßtem saurem Rhabarbersaft. Nachher konnte man wieder darüber lachen. Und Eberhard bekam noch zur Konfirmation als Geschenk einige zeitgemäße Bücher von der Art „U-43 auf Feindfahrt", weil es sonst nichts anderes zu kaufen gab.

Eberhard wird Fähnleinführer

Für Eberhard war die Konfirmation in volkskirchlicher Art eine durchaus ernst zu nehmende Angelegenheit. Zum wöchentlichen Konfirmandenunterricht gehörte die Pflicht, an jedem Sonntag den Gottesdienst in der Kirche zu besuchen. Zugleich war Eberhard begeisterter Hitlerjunge. Mit 10 Jahren war er zum Jungvolk DJ gekommen, der Jugendgruppe der Hitlerjugend, wurde dort zum Jungzugführer für 20-30 Jungen aus Gronau befördert, blies Fanfare im Fanfarenzug und wurde jetzt im Frühjahr 1944, als der Fähnleinführer Günter Riefenstahl zur Wehrmacht einberufen wurde, mit 14 Jahren zum Fähnleinführer befördert. Das bedeute, er kommandierte eine Jungvolkgruppe von etwa 120 10-14-jährigen Jungen aus Gronau und umliegenden Dörfern Barfelde, Eddinghausen, Haus Escherde und Betheln. Das Kennzeichen des Fähnleinführers war die an der Schulter hängende grün-weiße Führerschnur an der Uniform. Marschierte einmal das ganze Fähnlein durch die Stadt, so ging er dem Zug ganz vorne voran, gefolgt von dem Fahnenträger mit zwei Begleitern, dahinter der Fanfarenzugführer mit Tambourstock, dann der Fanfarenzug mit Fanfaren und Landknechtstrommeln, und dann mehrere Jungzüge in Reih und Glied. Solche halbmilitärischen Paraden erfüllten den Jungen natürlich mit Stolz und Verantwortungsgefühl.

Die Märsche der Jungen durch das Städtchen waren politisch gewollt und gefordert als imponierende, aufrüttelnde und begeisternde Schau nationalsozialistischer psychologischer Kriegsführung. Schneidige Aufmärsche vieler uniformierter Jugendlicher in Reih und Glied, eine der Wehrmacht abgeschaute öffentliche Inszenierung von Macht, Stärke und Kampfeswillen, dazu mitreißende Klänge von Fanfaren, Trommeln und aus jungen Kehlen frisch gesungenen Soldatenliedern sollten bewusst und betont gegen Todesmeldungen gefallener Angehöriger und Schreckensmeldungen zerstörter Städte gesehen und gehört werden. Gelegentlich wurde das Gronauer Jungvolk zu solchen Märschen und Kundgebungen größeren Stiles in die Kreisstadt Alfeld befohlen.

Aber die Jungen wurden in dieser schlimmen Kriegszeit auch zu durchaus handfest-praktischem Dienst hergezogen, zum Beispiel wenn sie im Herbst mit Handwagen durch die Straßen zogen und aus den Wohnungen gespendete warme Kleidungsstücke aller Art, Pelzmäntel, Schier, Schuhe und Schals für die Soldaten im kalten russischen Winter an der Ostfront sammelten, oder im Sommer Lindenblüten zur Versorgung der Truppe mit Tee.

Sollte einmal ein Jungvolkdienst für den Sonntagmorgen befohlen werden, kam Eberhard in seiner Verantwortung als Fähnleinführer in Konflikt mit der evangelischen Kirche und ihrer traditionellen Gottesdienstzeit. Einmal wurde ein solcher Marsch der Hitlerjugend in Gronau vom Gronauer Ortsgruppenleiter der NSDAP befohlen. Also mussten sie dieses Mal bei ihrer Gottesdienstpflicht als Konfirmanden in der Kirche fehlen. Eberhard und seine Freunde klingelten deswegen am Samstagnachmittag bei Pastor Schwietering, um sich für ihr Fehlen am nächsten Tag zu entschuldigen, mit der Begründung eines Befehles des Ortsgruppenleiters. Der Pastor kannte solche Beeinträchtigungen seiner Arbeit mit Konfirmanden, war über die rücksichtslose Anordnung des Parteiführers verärgert und erbost, und in der Einsicht, dagegen ohnmächtig zu sein, rief er in gewagtem Wutausbruch den Jugendlichen zu: „Geht man

hin zu eurem Dienst und zu eurem Führer, dem Ver-führer!",
und schlug die Tür zu.

Ein anderes Mal waren beide Eltern in der Kirche im Gottesdienst, während auf der Hauptstraße, der „Straße des 10. April",
die Hitlerjugend mit Eberhard an der Spitze vorbeimarschier-
te. Gerade als sich die Marschkolonne unmittelbar neben der
Kirche befand, gab Eberhard den Befehl zum Schmettern eines
Fanfarenstückes. Die Predigt des Pastors wurde durch das Getöse und Getrommel so empfindlich gestört, dass der Pastor
sie unterbrechen musste. Das war Heinrich und Liselotte sehr
peinlich. Denn es war ihr Sohn, der unbedacht den Musikbe-
fehl ausgerechnet direkt neben der Kirche gegeben hatte. Zuhause stellten sie Eberhard deswegen zur Rede, und er musste
seinen Fehler zugeben, dass er nicht an den gleichzeitigen Gottesdienst gedacht hatte, und sich entschuldigen.

Foto zur Taufe

Für die Taufe der kleinen Christiane hatte sich die Mutter Liselotte etwas Besonderes ausgedacht. Neben ihrer Nichte Barba-
ra, die Patentante werden sollte, sollten alle ihre drei Jungen als
Brüder Paten für die kleine Schwester werden. Das war natürlich ganz außergewöhnlich und wurde von einigen als verrück-
te Idee bezeichnet, aber Liselotte beharrte auf ihrem Wunsch
und begründete ihn mit der außergewöhnlichen familiären Kon-
stellation mit einem „Nesthäkchen", weit jünger als die älteren
Geschwister. Nun musste ein Termin gefunden werden, an dem
beide älteren Brüder Urlaub bekamen. Eberhard hatte gerade
einige Tage zuvor mit der Konfirmation das Recht für das Pa-
tenamt erworben. Als Reinhard in einem Brief sein Kommen
ankündigte, wurde Detlef schnell verständigt, und nach seinem Einvernehmen wurde der 29. April für die Taufe festgelegt.

Nun gab es für Eberhard wieder ein Kleidungsproblem. Die kurzen Hosen waren auch bei dieser Gelegenheit unangebracht. Also wurde beschlossen, wenn schon zwei Paten in Uniform kommen, dann eben alle drei: Unteroffizier der Luftwaffe, Flakhelfer und Fähnleinführer. Und Liselotte äußerte noch einen weiteren Vorschlag: Es sollte ein Foto von ihr zusammen mit ihren vier Kindern angefertigt werden. Nun besaß Heinrich zwar einen guten Fotoapparat, aber es gab weder Fotoplatten noch Filme zu kaufen. Lediglich das professionelle Fotogeschäft Breiner in Gronau verfügte noch über einige Platten, von denen es eine für das originelle Foto zur Verfügung stellen wollte. Doch zu dem Plan dieses Tauffotos gab es einen heftigen Widerstand von Vater Heinrich: „Ich will auch mit auf das Bild. Wir gehören doch als Familie alle zusammen." Mit diesem verständlichen Wunsch war Liselotte jedoch nicht einverstanden. Sie hatte mit ihren vier Kindern endlich einen langgehegten Wunsch und ein gutes Ziel ihrer Ehe erreicht, über das sie glücklich und auf das sie stolz war. Eine zweite Fotoplatte konnte Breiner nicht zur Verfügung stellen. Deshalb stand Heinrich nach heftigen Disputen murrend zurück. Und so wurde nach der kirchlichen Taufe das Tauffoto mit der Mutter und mit dem Baby auf dem Schoß und den drei großen Brüdern in Uniform bei Breiner gemacht.

Später stellte sich dieses Bild als einmaliges kostbares historisches Dokument des Familienlebens heraus. Es war ein seltener Glücksfall, dass beide Söhne als Soldaten zur gleichen Zeit Urlaub bekamen. Und man lebte dauernd in der Ungewissheit und dem Risiko, dass Leben und Tod in Kriegszeiten sehr oft gefährlich dicht beieinanderlagen. Darum waren alle dankbar, dass dieser Moment erfüllten Familienlebens so anschaulich festgehalten wurde.

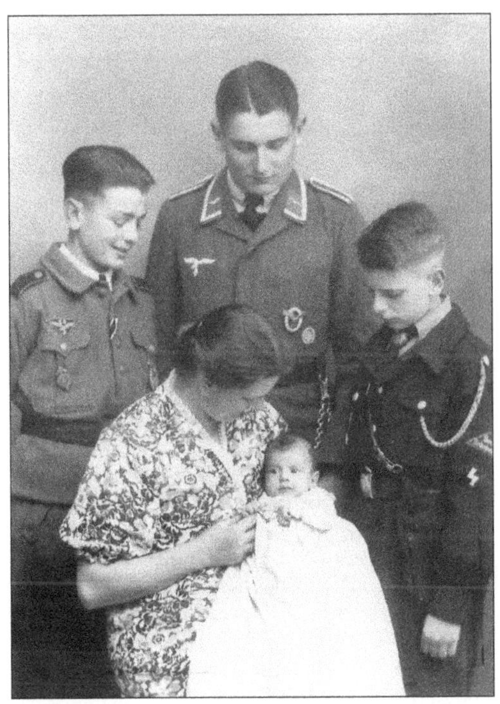

Taufe Christiane

Koffer voll Speck

Kaum war Reinhard einige Tage wieder zurück auf seinem Flugplatz, da erreichte Anfang Mai ein langer Brief von ihm die Familie in Gronau. Er schrieb, er hätte nach Beendigung seiner Schnell-Ausbildung zum Flugzeugführer die Wahl gehabt, entweder Nachtjäger zu werden oder Fluglehrer, das heißt, neue Kameraden zum Piloten auszubilden. Was Reinhard nicht schrieb, was aber alle auf dem Flugplatz wussten: Die deutschen Nachtjäger waren der Übermacht der britischen Jagdflugzeuge, die die nächtlichen Bombengeschwader begleiteten, rettungslos unterlegen, es waren Todeskommandos. Reinhard schrieb, er hätte sich zum Fluglehrer entschieden. Das warf ein Licht auf die verzweifelte Situation der deutschen Luftwaffe in jener Zeit: Ein im Schnellverfahren weniger Wochen ausgebildeter Flugzeugführer wurde nach bestandener Prüfung sogleich ohne weitere Pilotenerfahrung als Fluglehrer eingesetzt.

Reinhard teilte weiter mit, er sei gerade von einem Übungsflug zurückgekehrt, der ihn nach Dänemark geführt hätte. Dänemark war ja damals auch von deutschen Truppen besetzt. Man hätte dort zu seiner Überraschung beliebig viel Fleisch kaufen können. Deshalb habe er einen ganzen Koffer voll dänischen Schweinespecks erstanden, den könne die Familie in Gronau gut brauchen. Es sollte einer kommen und den Speck abholen, und zwar am 10. Mai. Da hätte er frei und wäre auf dem Flugplatz.

Über diese tolle unerwartete Bereicherung ihrer Lebensmittelvorräte freute sich die Gronauer Familie, und doch war zugleich guter Rat teuer. Wer sollte das Paket mit Speck von Reinhard abholen? Heinrich kam in dieser schweren Zeit von seinem Elektrizitätswerk nicht los, Liselotte war an das erst vor einigen Wochen geborene Baby gebunden. Also musste Eberhard die Reise unternehmen. Der Junge besaß zwar kaum Erfahrungen mit Bahnreisen, aber Reinhard beschrieb die Fahrt über Elze-Hildesheim-Leipzig-Wurzen, und es gab keine andere Möglichkeit, als die Reise Eberhard zuzumuten. Der Vater holte für den Schüler schulfrei und besorgte ihm die D-Zug-Fahrkarte. Außerdem beschaffte er ihm einen Koffer aus Holz, leicht und stabil, den russische Kriegsgefangene, die in der Papierfabrik arbeiteten, als geschickte Tischler in ihrer freien Zeit zusammenbauten. Sie verkauften den Koffer für wenig Geld an Heinrich, Geld, mit dem sie ihre schmale Ration etwas aufbessern konnten. Dieser Holzkoffer sollte sich für Eberhard als praktisches und ungemein segensreiches Transportmittel herausstellen.

Eberhard setzte sich früh am Tag in die Bahn und kam planmäßig am Nachmittag in Wurzen an. Nun befand sich Reinhards Flugplatz in Wald-Polenz, einige Kilometer außerhalb der Stadt. Der Junge machte sich zu Fuß über eine Stunde lang auf den Weg die Landstraße entlang und erreichte den Flugplatz. Dort verlangte er am gut bewachten Eingangstor seinen Bruder, den Unteroffizier Reinhard Sievers zu sprechen. Der kam tatsächlich nach längerer Zeit ans Tor. Er hatte alles wohl überlegt. „Du kannst heute nicht mehr nach Gronau zurückkommen. Du wirst hier bei mir übernachten. Weil es allerdings Zivilpersonen streng verboten ist, den Flugplatz mit seinen militärischen Geheimnissen zu betreten, meldest du dich gleich bei der Torwache ab und gehst die Landstraße zurück. Dann hast du rechts neben der Straße den Zaun des Flugplatzes und ein Wäldchen. Wo der Wald aufhört, biegt der Zaun im Winkel nach rechts ab. An dieser Ecke verlässt du die Straße und gehst nach rechts immer ohne Weg und Steg am Zaun entlang, vielleicht mehrere Hundert Meter. Da wirst du ein Loch im Zaun entdecken, und da stehe ich auch und nehme dich in Empfang.“

Eberhard ließ sich alles noch einmal genau erklären, verabschiedete sich von seinem Bruder, meldete sich ordnungsgemäß bei der Wache ab und ging wieder auf der Landstraße zurück. Er fand den Schleichweg und das Loch im Zaun und ging an der Seite seines Bruders einen weiten Weg über den Flugplatz entlang zu seiner Baracke. Dabei kamen sie ganz nah an großen Flugzeugen vorbei. „Reinhard, was sind denn das für Maschinen?“ – „Das ist die Ju 86, veraltete Flugzeuge, die wir nur zu Übungs- und Ausbildungszwecken fliegen, also zur Pilotenausbildung.“ – „Ist das nicht gefährlich, wenn wir hier so über den Flugplatz gehen?“ – „Warum sollte das gefährlich sein?“ – „Weil ich als Zivilist heimlich durch das Loch im Zaun hereingekommen bin.“ – „Wenn du mit mir gehst, kann dich jeder ruhig sehen. Hier laufen oft Zivilpersonen zusammen mit Soldaten herum, zum Beispiel Techniker. Du darfst nur nicht allein hier gesehen werden. Dann wirst du festgenommen.“ Die Kameraden, mit denen zusammen Reinhard in der Baracke wohnte, waren wörtlich ausgeflogen, so dass die beiden Brüder allein in seiner Stube waren.

Reinhard erzählte, er sei noch nicht zu einem Kampfeinsatz gekommen. Die britischen „Spitfire" und vor allem die amerikanischen flinken „Lightning" Doppelrumpf-Jagdflugzeuge, die die Bombergeschwader vom Typ „Fortress" begleiteten und bewachten, wären viel schneller und wendiger und mit besseren Kanonen ausgerüstet als die deutschen Me 109, die sie hier flögen. Die wären früher die besten Jäger der Welt gewesen, jetzt aber veraltet und deshalb den feindlichen Jagdflugzeugen unterlegen, und die deutsche Luftwaffe hätte deswegen riesige Verluste. Darum wäre es so wichtig, Piloten-Nachwuchs auszubilden. Sie übten, sagte Reinhard, auch Nachtflüge und Blindflüge, um sich nur mit ihren Bordinstrumenten zu orientieren.

Außerdem verriet Reinhard seinem kleinen Bruder, dass auf dem Flugplatz Wald-Polenz ganz neue Flugzeugmotoren erprobt würden. Die haben keinen Propeller mehr vorne dran, sondern an den Tragflächen große Düsen, in denen sich die Luftschrauben innen drin unheimlich schnell drehten, so dass die Düsenflugzeuge viel größere Geschwindigkeiten erreichen als normale Propellerflugzeuge. Das sind ganz neue Erfindungen in Deutschland. Der Führer war mal hier, erzählte Reinhard, dem man einige der neuen Düsen-Flugzeuge vorführte, die unheimlich schnell in der Luft herumkurvten. Hitler war ganz begeistert davon, aber was meinst du, was er sagte? „Mit diesen tollen Düsenmotoren bauen wir jetzt Bomber für England!" Die dabeistehenden Luftwaffenoffiziere waren entsetzt. „Wir brauchen sie aber als Jäger zur Verteidigung gegen die feindlichen schnellen Jagdflugzeuge!" Doch Hitler blieb bei seiner Meinung. Das war ein schwerer Fehler. Er schätzte die Kriegslage strategisch völlig falsch ein. Die Zeiten sind längst vorbei, wo wir Bomber als Angriffswaffen brauchten. Die Folge seiner Entscheidung ist, dass die Weiterentwicklung der neuen

Flugzeuge nicht vorankommt. Das alles erzählte und erläuterte Reinhard. Er war Eberhard gegenüber offen in seiner politischen Ansicht. So redeten Soldaten unter sich. Solche freimütigen Äußerungen, auch in der Kritik an dem Führer, hatte Eberhard noch nie gehört.

Reinhard packte den Koffer voll mit frischem Speck und holte aus der Kantine für beide Abendbrot. „Als Verantwortlicher für die Flugzeugführer-Ausbildung muss ich mich beeilen, weil wir unbedingt Piloten-Nachwuchs brauchen", sagte Reinhard. Wie er so erzählte, erwähnte er mehrfach Hermann Meier, der sein Chef in der Reichsregierung wäre. Eberhard kannte den Meier nicht, und als Reinhard zum dritten Mal diesen Namen sagte, fragte Eberhard zurück, wer denn das wäre. Reinhard lachte: „Du kennst doch den Minister Hermann Göring, Hitlers besten Freund. Der hat lange vor dem Krieg schon eine gewaltige deutsche Luftwaffe aufbauen lassen. Er ist so ein richtiges Großmaul, der hat damals vor vielen Jahren eine Rede gehalten, in der er behauptete, Deutschland hätte die beste Luftwaffe und sicherste Luftverteidigung der ganzen Welt. Er wollte Meier heißen, wenn es einem einzigen feindlichen Flugzeug gelingen würde, in den deutschen Luftraum einzudringen. Nun erlebst du ja selbst, wie viele feindliche Flugzeuge sich jeden Tag im deutschen Luftraum tummeln. Darum nennen wir ihn immer Meier."

„Außerdem", fuhr Reinhard fort, „ist Hermann Meier eitel und arrogant. Man erzählt sich, eines Tages kam mal ein Besucher in seine Wohnung, und als seine Frau die Haustür öffnete, wollte er gerne Hermann Göring sprechen. Die Frau erwiderte: ‚Er ist im Haus, aber ich weiß gar nicht, wo er ist. Warten sie mal einen Augenblick. Ich schaue mal in den Kleiderschrank.' Als sie zurück an die Haustür kam, sagte sie: ‚Ich sehe, er hat die Bergwerksuniform angezogen. Dann ist er grad im Keller und holt mir Kohlen rauf.'" Die Soldaten machten sich mit solchen Witzen auch über die deutsche nationalsozialistische Regierung lustig.

„Sag mal“, fragte Eberhard, „hast du nicht geschrieben, dass du in die NSDAP als Parteimitglied eingetreten bist?“ – „Ich habe den Antrag gestellt, das stimmt. Weil mir einer geraten hat, in die Partei einzutreten, um endlich in die Flugzeugführer-Ausbildung aufgenommen zu werden.“ Er sagte, Parteimitglieder würden bevorzugt. „Aber das ist lange her und hat überhaupt nichts genützt. Nein, ich bin nicht Mitglied, denn ich habe seit dem Antrag nichts mehr davon gehört.“

Reinhard holte am nächsten Morgen schon sehr früh das Frühstück für alle beide aus der Kantine. Dann brachte er den Bruder wieder zum Loch im Zaun und verabschiedete ihn mitsamt seinem vollen Speckkoffer. Nun hatte Eberhard schwer zu schleppen, wieder bis zum Bahnhof Wurzen. Er war ja voll von Bewunderung für seinen großen Bruder. Nicht nur, dass der schon Pilot war und dass der in der Ferne fürsorglich an die Familie in der Heimat gedacht hatte, sonder mehr noch, dass der Bruder – es war wenige Tage vor seinem 20. Geburtstag – das Risiko zu einem bestimmt ziemlich gefährlichen Abenteuer wagte mit dem Besuch eines Zivilisten im Flugplatz, mit dem Loch im Zaun („Da durch schlüpfen manchmal Mädchen aus der Stadt zu uns in den Flugplatz.“) und mit dessen Übernachtung in der Baracke. Noch dazu auf diesem Flugplatz mit einer neuen Geheimwaffe. Gott sei Dank hat keiner mich gesehen, dass ich heimlich in den Flugplatz gekommen war, sagte Eberhard zu sich selber.

War die Hinreise dieser Speckkoffer-Tour reibungslos gewesen, so stellte sich die Rückreise als neues weiteres kriegsbedingt gestörtes Abenteuer für den Jungen heraus. In Leipzig las er auf dem Bahnsteig, wo er auf seinen D-Zug warte, die Mitteilung an der Anzeigetafel, der Zug habe auf unbestimmte Zeit Verspätung. Eberhard erfuhr von einem anderen Reisenden, dass Front-Urlauber-Züge aus dem Osten oft mit großen Verspätungen fuhren und manchmal ganz ausfielen. Tatsächlich stand Eberhard lange, lange Zeit wartend auf dem Bahnsteig, und dann ertönte plötzlich Fliegeralarm. „Alle Reisenden werden aufgefordert, sich sofort in den Luftschutzkeller am Ausgang zu begeben." Inmitten von Hunderten von Reisenden ging es eine breite Treppe hinab in mehrere große Säle, voll mit Tausenden von Menschen. Eberhard hielt mitten in diesem Menschengedränge seinen Koffer mit dem kostbaren Inhalt, den keiner ahnte, krampfhaft fest in der Hand. Manchmal schob sich der Menschenstrom vorwärts zum nächsten Luftschutzsaal, manchmal blieb man lange auf einer Stelle stehen. Dann konnte sich Eberhard einfach auf seinen stabilen Holzkoffer setzen, so hatte er immer seinen Sitzplatz bei sich. Ein Glück für ihn in dieser langen Wartezeit. Er hatte den festen Vorsatz, den Koffer voll Speck richtig nach Gronau zu seiner Familie zu bringen und dafür alle Widrigkeiten der Fahrt durchzustehen.

Nach Stunden wurde Entwarnung gegeben. Und nun schob sich die Menge den gleichen Weg langsam und mühsam zurück nach oben. Auf dem Bahnsteig war von dem Front-Urlauber-Zug noch immer keine Spur. Eberhard nahm nun den nächsten angezeigten Zug nach Hildesheim. Es war ein Eilzug, der langsamer fuhr als ein D-Zug und auf mehreren Bahnhöfen hielt. Er erreichte den Bahnhof Hildesheim gegen Abend, als es schon dunkel wurde. An diesem Tag gab es keine Zugverbindung nach Elze mehr. Was blieb nun anderes übrig? Der Junge ging in den Wartesaal, der voll und warm war, und in dem es nichts zu trinken und nichts zu essen gab, aß ein mitgebrachtes Käsebrot, klemmte seinen Koffer fest zwischen die Beine, legte den Kopf auf den Tisch und schlief sofort ein.

Bis ihn einer an der Schulter rüttelte: „Aufwachen! Fliegeralarm!" Eberhard ergriff seinen Koffer, den er nie aus den Händen und aus den Augen ließ, und taumelte schlaftrunken mitten in der Nacht die Treppe zum Luftschutzkeller im Hildesheimer Bahnhof hinunter. Dieser Keller war muffig, kalt und leer und ungemütlich. Mit Schlafen war es nun vorbei.

Gegen 6 Uhr morgens bekam er den nächsten Zug nach Elze. Dort gab es aber keinen Anschluss zur Nebenstrecke nach Gronau. Also blieb Eberhard nichts anderes übrig, als die etwa 6 Kilometer mitsamt seinem vollgefüllten Koffer zu Fuß zu gehen. Der kürzeste Weg von Elze nach Gronau geht nicht über die Landstraße, sondern an den Eisenbahnschienen entlang. Nun ist es eine besondere Sache, eine Eisenbahnstrecke zu Fuß entlangzugehen, noch dazu, wenn man einen schweren Koffer bei sich hat und den mal auf der rechten Schulter, mal auf der linken tragen muss. Eberhard probierte aus, wie er den weiten Weg mit schwerem Gepäck am besten bewältigen konnte. Neben den Schienen liegt gewöhnlich grober Steinschotter, der jeden Schritt erschwert. Tritt man aber zwischen den Schienen von einer Schwelle zur anderen, muss man ganz kleine Schritte machen und kommt gar nicht recht voran. Überschlägt man bei jedem Schritt eine Schwelle, so müssen die Schritte für ihn als 14-Jährigen zu groß werden und ermüden bald. Balanciert man auf den Eisenbahnschienen, so verliert man bei der kleinsten Unachtsamkeit das Gleichgewicht. So stolperte der Junge mal so und mal so mit seinem schweren Koffer bis nach Gronau, seiner Heimatstadt.

Wie waren er und seine Eltern glücklich, als er mit seiner kostbaren Last wieder zu Hause ankam! Die Eltern hatten sich schon große Sorgen gemacht, als der Sohn auch am zweiten Abend nicht zurückgekommen war. Aber sie hatten gemeint, sich auf seine Fähigkeit verlassen zu können, seinen Mut und sein Geschick, eine solche Reise auch unter erschwerten Kriegsbedingungen gut zu meistern. Sie vertrauten darauf, dass er schon heil wieder zu Hause anlangen würde.

Die Mutter wusste in ihrem bürgerlichen Haushalt und nach vier Jahren kriegsbedingter Kochkunst wohl, wie sie Reinhards geschenkten Lebensmittel-Schatz für lange Zeit haltbar machen konnte und so die willkommene Ergänzung der Familien-Ernährung sichern konnte. Aus kleingeschnittenen Speckstücken briet sie Griebenschmalz als nahrhaften Brotaufstrich. Der Schweinespeck gab nun vielen Mahlzeiten kräftigen Geschmack und wertvolle Nährkraft. Er hielt sich kühl aufgehängt lange Zeit. Die typisch norddeutschen Gemüsegerichte Grünkohl und Steckrüben bekamen erst durch beigefügten Speck ihren Wohlgeschmack.

Für den 14-Jährigen war diese abenteuerliche Reise eine tolle Leistung und ein unvergessliches Kriegserlebnis. Er hatte viel zu erzählen, nicht nur über die Abenteuer seiner Eisenbahnfahrt und seines Aufenthalts in dem Flugplatz, sondern auch von seinem großen Bruder. So freimütig, wie Reinhard mit ihm sprach, so unverblümt gab Eberhard seinen Eltern die Ansichten und Äußerungen seines Bruders wieder, bis hin zu Witzen über Hermann Meier. Heinrich hatte bisher immer, wenn sich einer kritisch über Hitler und die Reichsregierung äußerte, das als üble Meckerei abgetan. Deswegen war er nun ganz erstaunt, hinter solchen politischen Gedanken, die der offiziellen Sprachregelung direkt widersprachen, ernsthafte Empfindungen seines Sohnes zu erkennen. Heinrich musste sich eingestehen, dass Reinhards Kritik berechtigt und verständlich war und ihn beeindruckte. Was Eberhard da von Reinhard durchaus glaubwürdig mitteilte, brachte Heinrichs Vertrauen in die Führung Deutschlands ins Wanken, ohne dass er darüber mit Liselotte diskutierte.

Reinhards Tod

An einem sonnigen Vormittag in den ersten Juni-Tagen hängte Liselotte Wäsche im Garten auf, als sie ein lautes Brummen von Flugzeugmotoren hörte. Sie blickte sich um, da kam ein großes Flugzeug sehr niedrig direkt auf das Haus zugeflogen und wackelte immer dazu mit den Tragflächen. Liselotte erkannte gleich, es war ein deutsches Flugzeug, und das Tragflächenwackeln war ein Gruß. „Das ist Reinhard! Das ist Reinhard!", rief sie, riss eine Windel von der Wäscheleine und winkte, was sie konnte. Das Flugzeug drehte noch einmal, und der Gruß mit den Tragflächen wiederholte sich. „Das ist Reinhard!" – ein origineller Gruß, zum Lachen und zum Glücklichsein.

Er war es. Er schrieb gleich in einem Brief: „Ich konnte dich im Garten sehen!" Und am Schluss des Briefes: „Auf ein neues brausendes donnerndes Wiedersehen! Euer Reinhard." Ein Bursche, der Ideen hat, lobten und freuten sich Heinrich und Liselotte, der Mut hat, der an seine Eltern denkt und ihnen eine freudige Überraschung bereiten wollte. So ein Kerl! Auf den konnte man wirklich stolz sein.

Doch Mitte Juni erreichte Heinrich und Liselotte ein Brief vom Kommandeur des Flugplatzes in Wurzen, ein Brief, der die Familie tief erschütterte. Der Kommandeur schrieb, der Flugzeugführer Unteroffizier Reinhard Sievers sei seit dem 9. Juni vermisst, weil er von einem Übungsflug nicht zurückgekehrt sei. Die Maschine habe sich auf einem Flug zur Ausbildung von Piloten und Funkern befunden in einer Zeit, als keine feindlichen Flugzeuge über Deutschland gewesen seien. Die Maschine sei auch unbewaffnet gewesen. Wenn er, der Kommandeur, weitere Informationen über den Verbleib des Flugzeuges erhalte, würde er sie sofort benachrichtigen. Mit Heil Hitler ...

Wie ein Blitz schlug diese Nachricht ein. Sie löste große Sorge und viele Fragen aus. Was heißt denn „vermisst?" Es handelte sich doch nicht um einen Vorfall an der Ostfront in Russland, sondern mitten in Deutschland. Kein Luftkampf. Eine unbewaffnete Maschine, die überhaupt nicht in das Kriegsgeschehen eingriff. Eine rätselhafte schreckliche Nachricht mit tausend offenen Fragen. Man musste doch wissen, wo eine so große Maschine verblieben ist. Sie kann sich doch nicht in Luft auflösen. Gab es noch Hoffnung? Oder musste man das Schlimmste befürchten? Vielleicht wieder Dänemark?

Ende Juni, nach Tagen des Bangens und Hoffens und Wartens, klopfte morgens früh ein Besucher an das Büro von Heinrich im Überlandwerk Leinetal. Es war kein geringerer als der Ortsgruppenleiter der NSDAP Schmidt. Beim Eintreten macht er ein ganz ernstes Gesicht, gab Heinrich die Hand und sagte: „Ich habe eine Nachricht vom Kommandeur des Flugplatzes Wurzen erhalten, dass sie Ihren Sohn gefunden haben. Er ist tot. Er ist mit seiner Maschine im Harz abgestürzt."

Heinrich konnte eine Träne nicht vermeiden. „Das mussten wir befürchten. Setzen Sie sich doch." Der Ortsgruppenleiter, der ein Telefon hatte und den man zum Überbringen dieser Nachricht bemüht hatte, weil Heinrich auch Mitglied der NSDAP war, setzte sich und machte eine lange Pause. Dann erzählte er das Wenige, was er wusste. Das Flugzeug sei nicht in Kämpfe verwickelt gewesen, sondern es war ein reiner Übungsflug zur Ausbildung von Piloten. Die Maschine sei auch völlig unbewaffnet gewesen. Über die näheren Umstände des Absturzes habe er nichts erfahren. „Ich wurde heute ganz früh angerufen und soll Ihnen ausrichten, dass heute Nachmittag die Beerdigung der vier Besatzungsmitglieder in Goslar auf dem Heldenfriedhof stattfindet. Machen Sie sich gleich auf den Weg. Alles Gute und ein Gruß an Ihre Frau." – Damit verabschiedete sich Schmidt, dem das pflichtgemäße Überbringen dieser Todesnachricht persönlich schwer fiel. Er war nun erleichtert, dass er den Auftrag erfüllt hatte.

Heinrich nahm sich keine Sekunde Zeit für seine schmerzlichen Gefühle, sondern ordnete seinen Weggang aus dem Werk und machte sich sogleich auf den Weg nach Hause, um Liselotte die schwere und längst befürchtete Nachricht zu überbringen. Auch zu Hause war keine Zeit zu verlieren. Beide mussten schnell schwarze Trauerkleidung anlegen und zum Bahnhof zu gehen, um den nächsten Zug nach Elze, Hildesheim und Goslar zu kriegen. Gott sei Dank konnte man der Lisa die Versorgung der kleinen Christiane überlassen. Nun hatten sie zwar endlich

Gewissheit über den Tod des Sohnes erfahren, aber diese Nachricht hatte keineswegs zur Beruhigung geführt, sondern vielmehr neue Fragen aufgeworfen. Nicht im kriegerischen Kampf gefallen? Bei einem Übungs- und Ausbildungsflug ist es doch unwahrscheinlich, dass eine Maschine abstürzt! Es waren mehr ungewisse Gedanken, die beide still im Innern hin und her trugen, als offen im Gespräch ausgesprochene Fragen.

Heinrich und Liselotte kamen auch rechtzeitig in Goslar zur Trauerfeier für die vier toten Kameraden an. Der Pfarrer, dem die Flieger überhaupt nicht bekannt waren und der von ihrem Tod nichts Näheres erfahren hatte, hielt eine Traueransprache über den Vers aus dem 121. Psalm: „Ich hebe meine Augen auf zu den Bergen. Woher kommt mir Hilfe?" Für Liselotte war das aber gar kein tröstliches Wort, sondern sie war mehr verstört über den Gedanken, dass für ihren Reinhard die Berge gerade zum Verhängnis geworden waren, eben nicht zu einem Ort, von dem man Hilfe erwarten sollte.

Auch von den anderen drei Besatzungsmitgliedern der Unglücksmaschine waren Angehörige zu der Trauerfeier und Beerdigung nach Goslar gekommen. Heinrich und Liselotte fanden Gelegenheit, mit ihnen ins Gespräch zu kommen, sie kennenzulernen und möglichst von ihnen Einzelheiten über den Absturz des Flugzeuges und die Ursachen des Unglücks zu erfahren. Die anderen Angehörigen waren gestern bereits über den tödlichen Absturz und die Trauerfeier und Beerdigung in Goslar informiert worden. Einer der Mütter – die Väter der jungen Leute waren alle Soldaten an der Front – war es tatsächlich gelungen, vom Kommandeur des Flugplatzes Wurzen in einem ausführlichen Gespräch informiert zu werden. Nun gab es durch ihren Bericht endlich eindeutige Gewissheit, was da eigentlich passiert war, wenn auch die akute Ursache des Absturzes dunkel blieb.

Das Flugzeug war eine Ju 86 mit 4 Mann Besatzung. Auf ihrem Übungsflug mussten sie Blindflug üben. Da es heller Tag war, wurde die gläserne Pilotenkabine der Ju 86 mit Tüchern zugehängt. Sie mussten mitten am Tag blind fliegen und lernen, sich nur auf ihre Bordinstrumente in der Pilotenkanzel zu verlassen. Ihre Aufgabe war, den vom Brocken, dem höchsten Berg des Harzes ausgestrahlten Richtfunk anzusteuern, den sie im Flugzeug drahtlos wie im Radio empfangen können. Bei dem Anflug auf den Brocken zu von Süden her wäre das Flugzeug oben im Harz auf einem Bergzug, der „Der Acker" heißt, mit Bäumen in Berührung gekommen und in den Wald abgestürzt, wobei das Flugzeug eine lange Schneise in den Wald schlug, ehe es auf dem Waldboden zerschellte. Die vier Besatzungsmitglieder seien sofort tot gewesen.

Weil in diesen Kriegszeiten kein Mensch da oben im Harz was zu suchen hat, wo es weder Forstarbeiter oder Touristen noch Wanderer oder Spaziergänger gab, hörte man unten im Tal im Dorf Sieber zwar ein Krachen, ging dem aber nicht nach. Erst nach zwei Wochen habe ein Förster oben im Wald zufällig die abgestürzte Maschine und die toten Soldaten gefunden. Und erst als der Förster das Flugzeugwrack meldete und davon erzählte, konnten die Dorfbewohner das Krachen deuten, das sie vernommen hatten. Die Toten wurden dann nach Goslar gebracht, wo ein Heldenfriedhof für gefallene Soldaten angelegt worden war.

Die lange Rückfahrt verlief für die beiden traurigen Eltern ganz anders als die bange Hinfahrt. Sie waren eifrig ins Gespräch vertieft und wiederholten und vergewisserten sich mehrmals der Informationen über die schlimmen Ereignisse, die sie nun erhalten hatten, um Reinhards Schicksal besser zu verstehen. Das Gespräch war deswegen wichtig, damit sie nicht dieser schrecklichen, aber rätselhaften Tatsache in dumpfer Tatenlosigkeit ausgeliefert blieben, einer Fragwürdigkeit, mit der sie sich sonst für immer rettungslos abfinden mussten. Nur eine Frage blieb bei dieser Unterhaltung – und ebenso in den folgenden Tagen zu Hause – ausgeklammert, nämlich die Vorstellung, wie es den vier Kameraden bei dem Absturz ihrer Maschine ergangen sein mochte, ob es stimmt, dass sie wirklich sofort tot waren. Und wenn sie schwer verletzt den Absturz überlebt hätten und tagelang kein Mensch sie in der Einsamkeit des hohen Bergzuges gefunden hätte und keiner ihnen zur Hilfe gekommen war? Diesen schrecklichen Gedanken verdrängte jeder lieber im Geheimnis seiner Seele und ließ ihn von den wenigen tatsächlichen Einzelheiten mehr tröstlich überlagern.

Ihr alter Pastor Schwietering, längst im Ruhestand, aber als Aushilfe für jüngere Pfarrer, die alle Soldaten waren, als Seelsorger der Gronauer Gemeinde tätig, besuchte die Familie in den nächsten Tagen eines Abends, und ihm erzählten die beiden, wie es zu dem Unglück gekommen war, wie sie auch mit den Nachbarn und Bekannten, die ihnen ihre Anteilnahme bekundeten, alles Geschehen erörterten. Die Nachricht von gefallenen Soldaten an der Front traf damals viele Familien, doch die Umstände des Todes von Reinhard Sievers lösten oft rätselhaftes Nachfragen und Kopfschütteln aus.

Im Gottesdienst der Gemeinde in Gronau war es üblich, den Tod eines Gemeindegliedes abzukündigen und in das Fürbittengebet aufzunehmen. Pastor Schwietering, von dessen zahlreicher Kinderschar auch einige an der Front waren, nahm den Tod des jungen Mannes, den er selbst vor einigen Jahren konfirmiert hatte, zum Anlass, die ganze Predigt auf das christliche Glaubensverständnis von Tod und Leben zu beziehen. Er verglich das Schicksal dieses jungen Mannes mit dem christlichen Symbol des Kreuzes: Erst verläuft das Leben gerade und gleichmäßig wie der waagerechte Kreuzesbalken, und dann bricht der Tod plötzlich und gewaltig senkrecht von oben in das Leben ein wie mitten im Kreuz und löscht das junge Leben aus. Das Kreuzzeichen sagt uns aber auch: So wie das irdische Leben waagerecht verlief, so ist es durch den Todeseinbruch nicht völlig aus und weg, sondern wie das Kreuz auf der anderen Seite anzeigt, geht das Leben weiter, nicht mehr als irdisches Leben, aber als ewiges Leben geborgen in Gottes Liebe. Diese tröstlichen Worte gingen Liselotte, Heinrich und Eberhard ins Herz.

Einige Tage später kam ein einfaches Paket aus Wurzen in Gronau an mit dem persönlichen Eigentum des Verstorbenen. Als Heinrich und Liselotte es auspackten, mussten beide weinen. Das war nun das Einzige, was sie noch von ihrem geliebten ältesten Sohn hatten. Von dem Kommandeur des Flugplatzes hörten sie nie wieder etwas. Doch das Foto von der Taufe der kleinen Christiane wurde nun zum kostbaren Schatz als letztes Bild und als Andenken an Reinhard in der Familie.

Eine Zeit später traf Heinrich auf der Straße den ehemaligen Berufsschullehrer Sauer, der mit Heinrich ins Gespräch kam und dabei erwähnte, dass er auch begeisterter Flieger war und früher mit der Flieger-HJ Segelflug-Übungen auf dem nahen Ith-Berg durchgeführt hatte. Er hatte sich auch seine fachmännischen Gedanken gemacht über den Absturz Reinhard Sievers. Heinrich fand das so interessant, dass er Sauer bat, morgen Abend zu ihnen zu kommen und ausführlich mit der Familie Reinhards Schicksal zu erörtern.

Sauer nahm die Einladung gerne an und erzählte, was ihm durch den Kopf gegangen war, als er von dem rätselhaften Absturz des Flugzeuges hörte. Er kannte sich aus mit der Fliegerei, darum vermutete er, den Grund für den Absturz des Flugzeuges in der angeordneten Blindflugübung zu finden. „Sie sind ja offensichtlich zu niedrig geflogen", sagte Sauer, „und mussten sich wegen der zum Blindflug zugehängten Kanzel völlig auf ihre Bordinstrumente verlassen. Die Höhenmesser sind aber vom Luftdruck abhängig und damit vom jeweiligen Wetter. Bei Sonnenschein zeigen sie dem Piloten eine andere Flughöhe an als bei Regenwetter, sie sind also recht ungenau. Im Blindflug kann man sich also nicht genau auf die vom Höhenmesser angezeigte Höhe verlassen. Dazu fehlte den jungen Soldaten ohne vorherige lange Flugstunden einfach die Erfahrung." Sauer sagte offen: „Nach meiner Meinung war es unverantwortlich, den motivierten Reinhard erst monatelang in Frankreich als Besatzungssoldat herumgammeln zu lassen und dann den Fliegern nach einer Hopp-hopp Pilotenausbildung ohne ausreichende Flugerfahrungen gleich Blindflüge zuzumuten."

Diese Erklärungen eines Fachmannes, der sich auskannte, leuchteten der Familie ein als ein triftiger Grund für den tödlichen Absturz, ohne dass sie sie aus ihrer ohnmächtigen Trauer erlösten. Damit mussten sie nun leben. Liselotte hatte sich von den anderen Angehörigen die Anschrift geben lassen und behielt losen brieflichen Kontakt mit ihnen. Im Spätsommer des Jahres verabredeten sich die vier Mütter, sich in Goslar an den Gräbern der Kameraden zu treffen. Danach verebbte der Kontakt der Verbindung zu Menschen, die der gleiche Schicksalsschlag traf, zumal die anderen weit weg von Goslar wohnten.

Gespräche über Politik

Wenn irgendeine Einschränkung des Lebens hingenommen werden musste oder wieder einmal eine unbequeme Maßnahme notwendig wurde, so machte man oft und gern die Redewendung vom „totalen Krieg" dafür verantwortlich. Der Propagandaminister Josef Goebbels – hinter vorgehaltener Hand „die große Schnauze" – putschte bei einer propagandistisch aufgemachten Großkundgebung im Berliner Sportpalast die Menge erst ordentlich gegen die Feinde auf und fragte dann: „Wollt ihr den totalen Krieg?", was mit tausendfachem Beifall fröhlich bejaht wurde. Das wurde in der folgenden Zeit selbstverständlich als Zustimmung des ganzen Volkes zu noch größerer Anstrengung und Bereitschaft zum Kampf bis zum Endsieg gewertet und in allen Medien betont wiederholt. Auch die Familie Sievers lauschte dieser propagandistisch raffiniert arrangierten Großkundgebung am Radio. Der „totale Krieg" musste dann in alltäglicher Redewendung mit hintergründiger Ironie für alles herhalten, für Hunger, für schwere Arbeiten, für Sehnsüchte, für Trauer, für Wut – und für klagloses Mundhalten.

Von den Ereignissen des Krieges erfuhr die Familie Sievers weniger aus der Tageszeitung, die wegen Papiermangels immer dünner und dünner wurde, sondern mehr aus dem Radio. Die genauesten Informationen, wo in Europa die Fronten sich befanden und welche Städte gestern zerbombt worden waren, konnten sie immer mittags dem täglichen „Wehrmachtsbericht" entnehmen: „Das Oberkommando der Wehrmacht gibt bekannt ..." Dieser Wehrmachtsbericht wurde nachmittags langsam wiederholt zum Mitschreiben. In den ersten Phasen des Krieges hatten sie noch diese Nachrichten anhand einer Europa-Landkarte verglichen. Aber diese Zeiten waren 1944 lange vorbei. Von Osten, Süden und Westen wurden die von deutschen Truppen besetzten Länder Europas von den feindlichen Heeren wieder befreit. Von Osten gewannen die sowjetischen Truppen mehr und mehr Land und erreichten in diesem Herbst in Ostpreußen die deutsche Grenze. Im Süden landeten die Amerikaner auf Sizilien und drangen in nördlicher Richtung in Italien vor. Im Juni gelang es amerikanischen und britischen Soldaten, in der Normandie Fuß zu fassen und von Westen her auf Deutschland zu vorzudringen.

In Familie Sievers erstarben die Gespräche, die sich um die politischen Ereignisse drehten. Da gab es nicht viel drüber zu sagen. Die Lage war eindeutig: Deutschland fühlte sich mehr und mehr eingeschnürt. Dabei war die Übermacht der anderen so deutlich spürbar, dass auch die massivste Propaganda nicht dagegen ankam, die ängstlich-bedrohliche Stimmung der Bevölkerung im „totalen Krieg" noch zum „Endsieg" zu motivieren. Das Radio wurde in den Dienst dieser Stimmungsmache eingesetzt. Die Rundfunkredakteure konnten keineswegs die Musik spielen, die sie aussuchten. Es gab so gut wie keine klassische Musik im „Reichsrundfunk", sondern militärische Klänge und viele neutrale Volkslieder. Selbst die Schlagermusik stand in die-

sem Dienst: „Ich weiß, es wird einmal ein Wunder gescheh'n …"
und „Das kann doch einen Seemann nicht erschüttern …", so
etwas füllte die Radioprogramme im „Wunschkonzert", zu dem
die ganze Familie dann am Radio hing, in dem es bestenfalls
bis zu Operettenklängen kam. So sollten die Menschen bei all
ihren alltäglichen bedrückenden Sorgen wenigstens einmal bei
Laune gehalten werden.

Gegen diese einseitige und damit verfälschte Berichterstattung
und plumpe Meinungsbeeinflussung setzten Deutschlands Geg-
ner ihrerseits ihre Informationssendungen in deutscher Sprache.
Darum war es in Deutschland streng verboten, im Radio „BBC
London" aufzusuchen, einzuschalten und abzuhören. Wer sich
gegen die deutsche Propaganda schützen wollte und ein besseres
Bild über die tatsächliche kriegerische Situation gewinnen wollte und Mut hatte und den Mund hielt, der hörte die feindlichen
Sender trotzdem in aller Heimlichkeit ab. Diese riefen aber un-
verhohlen die deutsche Bevölkerung angesichts der aussichtslosen Situation offen zum Widerstand gegen ihre eigene nationalsozialistische Führung auf. Heinrich und Liselotte trauten
sich nicht, einen verbotenen Feindsender abzuhören, und be-
gnügten sich damit, der eigenen Propagandamaschine eine ge-
wisse Portion gesunder Skepsis entgegenzusetzen.

Nein, sie diskutierten die politische Lage nicht, die sich bedrü-
ckend in ihren Herzen festmachte. Man hörte die Nachrichten
im Radio – immer richtig eingefärbt – und las in der Zeitung
dasselbe. So wusste jeder Bescheid, machte sich aber still für
sich seine eigenen Gedanken. Aber wie man das Leben unter
diesen schwierigen Umständen für die ganze Familie meistern
konnte, was deshalb getan werden musste, welchen Entbehrun-
gen sie nicht entkamen, welche Schlupflöcher für freundliche
Erlebnisse, für gelegentliche appetitliche Happen es doch gab,
das war im Gespräch zu klären. Lisa, die Haushaltshilfe, und
Eberhard, der Schüler, wurden in diese Gespräche mit einbezogen, weil beide jungen Leute voll mit in die Überlebensstrategie

der Familie eingespannt waren. Da gab es überhaupt keine Zeit zum Spielen, zum Zeitvertreib, zu lustvollem Hobby, zum Spazieren oder zum Reisen. Weil diese Situation ihre Anforderungen so eindeutig einprägte, war die Stimmung im Familienleben nicht trübe oder ängstlich. Gab es mal etwas zu lachen, so konnte man die Leichtigkeit eines Scherzes umso lieber genießen.

Die kleine neugeborene Christiane gedieh bei all dem prächtig. Sie lag nachts in einem von Nachbarn ausgeliehenen Kinderbettchen, und tagsüber in einem reichseinheitlichen Kinderwagen. Ihn zu kaufen gab es keine Auswahl. Man konnte froh sein, überhaupt noch einen zu erstehen. Der Kinderwagen hatte kleine Räder, und die Seitenwände waren aus Pappe. Die Bettwäsche für das Baby und die ganze Baby-Kleidung hatte Liselotte von den älteren Brüdern aufgehoben. Manches bekam sie auch von Nachbarn und Freunden geschenkt. Zu kaufen gab es keine Textilien. Die kleine Christiane war aber als Sonnenschein überall beliebt. Sie fing an zu lächeln, wenn man sich über ihren Wagen beugte. Nicht, dass sie als Nesthäkchen und Nachkömmling verhätschelt wurde. Aber sie war ein Sonnenstrahl in all den widrigen kriegerischen Umständen. Ein kleines wachsendes neues Leben inmitten der Angst und Sorge, wie es wohl weiter geht und was die Zukunft wohl bringen würde.

Allerdings stellte der ältere freundliche Arzt bei der regelmäßigen Nachuntersuchung der Neugeborenen einen Herzklappenfehler bei Christiane fest. Er hielt eine ärztliche Behandlung nicht für notwendig, es sei kein Grund zur Sorge, er riet aber zu einer Rücksichtnahme auf das geschwächte Herz beim Heranwachsen des Kindes. Lisa und Eberhard nahmen Christiane gern in ihrem Kinderwagen mit zu Besorgungen. Zum Schlafen stand der Wagen oft im Schatten eines Baumes im Garten „in der frischen Luft", wie die Mutter es ausdrückte, während sie in der Heimarbeit an den militärischen Brotbeuteln nähte. Sie stöhnte: „Ich muss diese Kiste mit den Dingern noch bis heute Nachmittag fertig kriegen. Lisa, kümmere du dich schon mal ums Mittagessen!"

Kartoffelkäfer suchen

Die Ereignisse dieses Krieges hatten sich längst von seiner anfangs siegreichen Seite gewandelt zu verbitterten Verteidigungsschlachten an den Fronten und zu stärkerer Einbindung des ganzen Landes in die Notwendigkeiten des Kriegsgeschehens. Der „totale Krieg" wurde immer totaler im Zugriff auf das Privatleben der Bevölkerung. Da traten Probleme auf, an die man früher nie gedacht hatte: Kartoffelkäfer. Dieser Schädling auf den Feldern war völlig neu in Deutschland, richtete aber großen Schaden an, wo er plötzlich massenhaft auftrat. Die nationalsozialistische Propaganda machte den Feind dafür verantwortlich. Feindliche Flugzeuge hätten Kartoffelkäfer-Larven über deutschen Feldern abgeworfen, um die deutsche Landwirtschaft zu schädigen. Nun wusste man weder, ob das stimmte, noch hatte man in Gronau je einen solchen Käfer gesehen. Aber die deutsche Kriegsführung wollte Vorsichtsmaßnahmen ergreifen, um die Versorgung der Bevölkerung mit Lebensmitteln nicht zu gefährden. Darum wurden Lehrer und Schüler verpflichtet, nachmittags, in der unterrichtsfreien Zeit, in den Kartoffelfeldern rings um die Stadt nach diesen Käfern, seinen Larven und Eiern zu suchen. Also fanden sich um 14 Uhr der Mittelschullehrer Adolf Bunner und Eberhard mit seinen Gronauer Klassenkameraden an einem bestimmten Treffpunkt in der Feldmark ein. Bunner hatte Bilder von dem Schädling mitgebracht, damit die Schüler überhaupt erkannten, nach was sie suchen sollten. Dann ging man in Reihen durch die Kartoffelfelder mit dem Blick auf die Pflanzen, dann zum nächsten Feld, und so stundenlang.

In Gronau führte diese Aktion zu überhaupt keinem Erfolg, weil kein einziger Kartoffelkäfer gefunden wurde. Trotzdem wurde die Suche mehrfach angeordnet, was für die Kinder natürlich nicht gerade motivierend war. Manchmal fanden sie eigenartige handgroße Bündel von Stanniolstreifen, die offensichtlich von feindlichen Flugzeugen beim Überfliegen des Gebietes abgeworfen worden waren. Aber mit denen konnte keiner etwas anfangen. Jedoch führte diese Käfer-Such-Maßnahme zu einem ganz anderen unerwarteten Fund, als die Schüler durch die Reihen der grünen Kartoffelpflanzen gingen: Flugblätter, die von feindlichen Flugzeugen beim Überfliegen Deutschlands abgeworfen wurden. Es waren Zeitungsblätter mit Meldungen, Nachrichten und Fotos, die ganz anderes aussagten als alles, was man sonst in Deutschland von Radios und Zeitungen und von Reden auf Kundgebungen erfuhr: über die schlimmen deutschen Verluste, die verlorenen Schlachten, die zerbombten Städte, die falsche deutsche Propaganda, die verbrecherische deutsche Führung. Dagegen über die Stärke und großen Erfolge der anderen Mächte. Die Schüler lasen: „Dieser Krieg ist aussichtslos für Deutschland". Solche Flugblätter warfen die feindlichen Flugzeuge ab, um die Kriegsmoral der deutschen Bevölkerung zu unterminieren und dabei den Eindruck zu erwecken, ihre Wahrheit würde gegen die lügnerische deutsche Propaganda gesetzt.

Der Lehrer Bunner erschrak sehr über gefundene Flugblätter, als er davon bei der Kartoffelkäfer-Aktion erfuhr. Natürlich war es streng verboten, solche Flugblätter zu lesen, zu sammeln, weiterzugeben. Er ordnete deshalb an, die Flugblätter nicht zu lesen oder zu beachten, sondern zu zerreißen und liegen zu lassen. Jeder hatte Verständnis für dieses Verbot, war aber doch neugierig und steckte heimlich gefundene Flugblätter in die Hosentasche und zeigte sie zuhause den Eltern, die genauso neugierig waren. So brachte auch Eberhard den Eltern Flugblätter mit, die sie mit Interesse studierten und dann vorsichtshalber verbrannten, damit sie nicht mit solchen verbotenen Medien erwischt wurden. Diese neuen Informationen machten Liselotte und Heinrich zwar skeptisch gegenüber den offiziellen Verlautbarungen, aber ihre Zweifel richteten sie auch an die Propaganda der Feinde. Aus solchem Zweifel wuchs aber in ihnen kein Motiv zum Widerstand gegen die deutsche Kriegsführung. Es blieb beim Schimpfen über den „totalen Krieg" und unerträgliche Zustände und Einschränkungen.

Attentat auf Hitler

„Lotte, hör mal die Nachrichten! Ein Attentat auf den Führer!",
rief Heinrich eines Morgens aufgeregt am 21. Juli. Die Information war spärlich, aber durchschlagend. „Der Führer ist unverletzt geblieben. Bleiben Sie am Radio. In wenigen Minuten
spricht der Führer." So etwas hätten Heinrich und Liselotte nie
für möglich gehalten. Sie fielen aus allen Wolken. Dann sprach
Adolf Hitler aus dem Führerhauptquartier. Es sei die „Verschwörung einer Clique verbrecherischer Offiziere" gewesen, aber die
„Vorrrrsehung" hätte ihn bewahrt. Das Wort „Gott" kriegte der
als Katholik aufgewachsene Hitler nicht über die Lippen. Wie
erstarrt hingen die beiden Eheleute am Radio, bis schneidige
Marschmusik wieder zum Alltag überleitete. Erst ganz allmählich drangen Einzelheiten des Attentats durch und wurden Namen von den Offizieren und weiteren Personen bekannt, die
Widerstand gegen die nationalsozialistische Führung gewagt
hatten und ein anderes Deutschland wollten und darum als erstes Hitler beseitigen wollten.

Die Bombe, die Oberst von Stauffenberg im Führerhauptquartier zündete, verfehlte aber ihre Wirkung und tötete Hitler nicht.
Daraufhin spürte man die ganze Widerstandsgruppe auf, verhaftete sie und verurteilte sie zum Tode.

Heinrich und Liselotte Sievers wurden zutiefst erschüttert. Sie
waren keine radikal überzeugten Nationalsozialisten, sondern
das, was man „Mitläufer" nannte. Darum waren sie nicht so sehr
dem parteipolitischen Programm verbunden, sondern richteten
ihr ganzes Vertrauen zum gesellschaftlich-politischen Leben
auf die führenden Personen, auf Hitler, Göring, Goebbels und
die „Männer seiner Regierung". Das war zwar kein blindes Vertrauen, aber das beruhigende Gefühl, ihnen das Geschick des
Volkes zu überlassen. Es war doch jahrelang gut gegangen mit
zunehmendem Wohlstand und zufriedenem Leben, auch noch

in den ersten Jahren des Krieges. All das Schwere, das sie nun durchmachen, durcherleiden mussten, war den bösen Feinden zuzuschreiben, die etwas gegen Deutschland hatten. Insofern war die Familie Sievers voll der nationalsozialistischen Propaganda verfallen.

Auch ihr volkskirchlich-christlicher Glaube lieferte ihnen keine Argumente gegen die öffentliche Meinung, gegen die kriegerisch tönenden Verantwortlichen, gegen den Missbrauch, den diese Verantwortlichen mit dem Vertrauen der Bevölkerung trieben.

So hatten Liselotte und Heinrich auch kein Gefühl von Anerkennung, Sympathie oder Bewunderung für die Menschen des Widerstandes, die ihr Leben für den Wechsel zu einem besseren neuen Deutschland einsetzten. In ihrem Urteil über die Widerstandsbewegung gingen die Eheleute nicht so weit, dass sie diese für „eine Clique verbrecherischer Offiziere" hielten, aber da beide auch während der Weimarer Republik nur ein gebrochenes Verhältnis zur Demokratie entwickelt und erlebt hatten, blieben ihnen die eigentlichen Motive der Widerstandskämpfer fremd.

Liselotte äußerte einmal beim gemeinsamen Abendessen: „Wie gut, dass Reinhard das nicht mehr erleben musste." Das Attentat hatte auf sie wie ein weiteres Chaos in der zusammenbrechenden Welt ihrer gegenwärtigen Lebensumstände gewirkt, das sie ihrem lieben Sohn nicht zumuten wollte. Dabei wusste sie gar nicht, wie der junge Soldat Reinhard den Führer Hitler, den Nationalsozialismus und die Kriegslage beurteilt hatte. In seinen Briefen schrieb Reinhard darüber natürlich nichts. Bei seinen seltenen und kurzen Urlaubstagen wurde über alles andere gesprochen als über politische Verhältnisse. Nur aus Eberhards Bericht erfuhren die Eltern Äußerungen Reinhards, die den Führer kritisierten. Die Mutter ahnte nicht, welches kritische Potential gegenüber der deutschen Kriegsführung sich weit und breit „unter der Decke" der Soldaten ausgebreitet hatte, die realistischer denken konnten als Heinrich und Liselotte.

Zeltlager

Auf Eberhard, den Führer im „Deutschen Jungvolk", kam in den Sommerferien eine große Aufgabe zu: Auf einer Wiese nahe dem Gronauer Freibad wurde ein Zeltlager für Hitlerjungen aus Gronau und Umgebung eingerichtet. Alle dafür notwendigen Arbeiten führten die Jungen von 10 bis 14 Jahren selbst aus, besonders das Aufstellen der Zelte. Dazu kam nun das Problem, wo bleiben die Jungen bei Fliegeralarm? Deswegen war nun die erste Arbeit, Schutzgräben von 1,50 m Tiefe auszuheben. Die Jungen schaufelten tagelang, um am Rande der Wiese einen langen Zickzack-Graben auszuschachten und die Erde daneben auf einen Wall aufzuwerfen.

Ein großes Versammlungszelt wurde aufgebaut, auch zum Essen mit „Gulaschkanonen", in denen Frauen das Essen kochten. Für die Waschgelegenheiten und die sanitären Anlagen stand das benachbarte Freibad zur Verfügung. Ältere Hitlerjugendführer organisierten die Programme für die Jungen mit Geländespielen und Exerzierübungen, jugendgemäße Tätigkeiten, die unter den gegenwärtigen kriegerischen Umständen wirklich unnötig und unpassend waren. Geschlafen wurde in großen Rundzelten auf Stroh unter Wolldecken mit je 12 bis 20 Jungen. Eberhard, der zugleich auch Führer des Fanfarenzuges war, hatte im Lager dieser Sommerferien alle Hände voll zu tun und fiel für die Unterstützung der Familie leider aus. Militärisch wirkende Märsche im Gleichschritt durch das Städtchen und mit Marschliedern und Fanfarenklängen waren das einzige, das zur Aufmunterung der Bevölkerung eingesetzt werden konnte. Am Ende der Ferien mussten die Zelte wieder abgebaut und die Gräben wieder zugeschüttet werden.

Eberhard zur Scharnhorstschule

Für Eberhard gab es in diesem Jahr nach den Sommerferien noch einen bedeutenden Schulwechsel. Er besuchte seit 1940 die Kreismittelschule Gronau von Klasse 5 bis 8 und sollte nun zum Abitur geführt werden und dazu auf die Scharnhorst-Oberschule Hildesheim wechseln, zusammen mit drei weiteren Schülern aus seiner Klasse. Seine Schulleistungen und Zeugnisse waren gut. Die Lehrpläne der Mittelschule (Realschule) waren der Oberschule ähnlich, so dass Eberhard bis zur 8. Klasse 1944 die tägliche Eisenbahnfahrt erspart blieb. Nur der Latein-Unterricht fehlte in Gronau und wurde darum durch zusätzlichen Privatunterricht ergänzt. Diesen erteilte der Rektor Dr. Schallas für die kleine Gruppe von 4 Schülern aus Eberhards Klasse und kassierte dafür von jedem Privatschüler 0,75 RM am Ende der Stunde, denn er erhielt 3 RM für jede erteilte Privatstunde.

Im Mai wurden die 4 Mittelschüler aus Gronau an der Scharnhorst-Oberschule Hildesheim angemeldet, und sie wurden Anfang Juni zum Probeunterricht eingeladen, um ihren Leistungsstand für den Übergang zur Klasse 9 nachzuweisen. Die vier Jungen fuhren an diesem Tag nach Hildesheim, gingen in die Schule, wurden in einen leerstehenden Raum geführt und mit Mathematik-Aufgaben beschäftigt. Sie erfüllten alle Anforderungen einwandfrei, auch in Englisch, Deutsch und Latein, was auch das gute Leistungsniveau der Kreismittelschule Gronau bewies. Somit stand ihrem Wechsel nach den Sommerferien in die 9. Klasse der Scharnhorst-Oberschule Hildesheim nichts mehr im Wege.

Das bedeutete täglich 23 km mit der Bahn zur Schule zu fahren, früh zwischen 6 und 7 Uhr vom kleinen Bahnhof Gronau aus zusammen mit einer großen Schar von Fahrschülern aller verschiedenen Schulen und Klassenstufen und nachmittags zwischen 14 und 15 Uhr wieder zu Hause zu sein. Eine Busverbindung zwischen Gronau und Hildesheim gab es nicht. Als Fahrschüler war Eberhard täglich während der Fahrt über 2 Stunden mit gleichaltrigen Freunden und Freundinnen zusammen. Damit öffnete sich für ihn ein neues soziales Milieu außerhalb der Hitlerjugend, das ihn in seiner Entwicklung in der Jugendzeit mitprägte. Es gelang aber nicht oder sehr selten, die Zeit im Zuge für Schularbeiten zu nutzen. Man verglich wohl mal die Lösungen von Mathematikaufgaben. Aber zum Arbeiten und Schreiben gab es keine Ruhe. Es wurde viel Quatsch gemacht oder Karten gespielt.

Die Fahrschüler fuhren immer 3. Klasse in der Bahn und saßen auf Holzbänken, denn nur die 1. und 2. Klasse hatten gepolsterte Sitze, oder man stand stundenlang im Menschengedränge in der 4. Klasse, dem „Abteil für Reisende mit Traglasten". Bei warmem Wetter standen die Fahrschüler auch gern auf den Plattformen bei Eisenbahnwagen mit Eingängen von der Pufferseite aus. Die Personenzüge fuhren auch bei Fliegeralarm, weil sonst der Fahrplan völlig durcheinanderkommen würde. Manchmal wurde an ihren Zug ein Zwillings-Flakgeschütz mit Flak-Kanonieren angehängt, um feindliche Jäger abzuschießen, die einen fahrenden Personenzug angriffen, was gelegentlich vorkam. Als die Gronauer Fahrschüler einmal einen solchen Fliegerangriff auf ihren Zug erlebten, stoppte die Lokomotive, und die Schaffner riefen allen Reisenden zu, sofort schnell rechts und links aus dem Zug heraus auf freies Feld zu laufen zu ihrem Schutz. Als der feindliche Jäger bemerkte, dass der Zug leer war, gab er auf und drehte ab.

Die Gewöhnung an das veränderte Schulleben an der Oberschule (Gymnasium) fiel Eberhard nicht leicht. Die Mittelschullehrer kannten Schüler und Eltern persönlich, für die Oberschullehrer waren die Schüler (an der Scharnhorst-Oberschule in Hildesheim nur Jungen) nur anonyme Nummern ihrer Leistungszensuren. Sie behandelten deshalb die Schüler entsprechend unpersönlich. Wenn Eberhard manche Aufgabenstellung nicht recht verstanden hatte und sich nicht traute zurückzufragen, um sich nicht zu blamieren, entstand bei ihm ein bisher unbekannter Leistungsabfall mit schlechten Zensuren. Es dauerte lange, sich in diesem anderen Lehr- und Lern-Stil zurechtzufinden. Er gehörte nun nicht mehr zur Klassenelite, sondern zum Mittelmaß.

Wenn Eberhard täglich morgens in aller Frühe zum Bahnhof ging, kam ihm immer eine größere Gruppe von jungen Frauen entgegen, die zur Arbeit in die Lederwaren-Fabrik gingen und dort an den Nähmaschinen Patronentaschen, Brotbeutel oder Rucksäcke nähten. Es waren Polinnen, die verpflichtet worden waren, in Deutschland für die deutsche Wehrmacht zu arbeiten. Sie wohnten in einem Sammelquartier am Ortsrand von Gronau und gingen täglich gemeinsam diesen Weg zur Arbeit. Eberhard war gewohnt, andere Passanten mit erhobener Hand und „Heil Hitler!" zu grüßen. Diese russischen Frauen achteten zuerst gar nicht darauf. Dann, weil dieselbe Begegnung täglich dieselbe war, fingen einige an zu grinsen und sich über ihn lustig zu machen, dann erwiderte eine laut: „Gutten Morrgen". Und als Eberhard sich diesem alltäglichen Gruß anschloss, wurde die Begrüßung zum täglichen freundlichen Ritual. Er hatte überhaupt keinen Grund, den fremdländischen Frauen anders als mit seinem gewohnten Lächeln wie bei allen Bekannten auf der Straße zu begegnen. Er amüsierte sich mehr über die ausländische Aussprache. Es kam ihm aber nicht in den Sinn, das Problem von zwangsweiser Verschleppung von russischen Frauen nach Deutschland zu erkennen.

Er und sein Freund Heinz wurden in der Scharnhorst-Schule einer Auswärtigen-Klasse zugeteilt, in die Schüler aus allen Himmelsrichtungen mit der Bahn gingen, damit der Unterricht an die Fahrpläne und an Zugverspätungen oder Ausfälle angepasst werden konnte. Bei Fliegeralarm gingen Schüler der Auswärtigen-Klasse nicht in den Luftschutzkeller unten im Schulgebäude, sondern wurden schnell zum Bahnhof geschickt, weil die Züge auch bei Alarm fahrplanmäßig fuhren. Oft mussten sie dann unterwegs auf dem Weg zum Bahnhof doch in einen Bunker gehen. In Hildesheim gab es mehrere hohe baumbestandene Wälle, in die man unten Stollen als Luftschutzbunker für die Bevölkerung eingetrieben hatte. Die Jungen mussten oft in diesen unterirdischen Gängen Schutz suchen, die voll von Bewohnern, Passanten, Schülern, Arbeitern und so weiter waren.

Einmal hörten die Jungen in einem solchen Luftschutzstollen Menschen fließend Englisch sprechen. Als sie genauer hinguckten, war es eine Gruppe von Soldaten. Sie unterhielten sich tatsächlich auf Englisch. Es waren Engländer in deutschen Uniformen, das einzige bemerkenswerte Zeichen war ein kleiner „Union Jack", eine britische Fahne auf dem Ärmel. Britischen Kriegsgefangenen war angeboten worden, in die deutsche Wehrmacht eingestellt zu werden und für Deutschland ausschließlich gegen die Sowjetunion zu kämpfen. Wer hätte so etwas für möglich gehalten? Als Entwarnung vom Fliegeralarm kam, zogen sie weiter, und die Jungen setzten ihren Weg zum Bahnhof fort. Sie hatten durch eigenes Erleben erfahren, dass, um die deutschen Truppen zu verstärken, in der deutschen Wehrmacht seit längerer Zeit eine ganze Reihe von Ausländern freiwillig ihren Dienst taten: Rumänen, Belgier, Russen, Engländer, Polen, und so weiter. Es waren Kriegsgefangene, die lieber in der (feindlichen) deutschen Wehrmacht dienen wollten, als im Gefangenenlager festgehalten zu werden.

Als Eberhard seinen Eltern dieses Erlebnis erzählte, wollten sie es zuerst gar nicht glauben. Sie konnten sich so etwas nicht vorstellen. Sie wurden über das Geschehen außerhalb ihrer kleinen Stadt nur durch die öffentlichen Medien informiert. Da kam natürlich ein solcher ungewöhnlicher Söldnerdienst von bisher feindlichen Soldaten im deutschen Heer nicht vor.

Eberhard

Bomberabsturz in Gronau

Als es im Juli einmal an der Haustür klingelte, trocknete sich Liselotte die Hände ab, da klingelte es schon zum zweiten Mal. Liselotte öffnete gespannt die Haustür, dann stieß sie einen Freudenschrei aus und fiel dem draußen stehenden Soldaten um den Hals: Es war Detlef, Flakhelfer in Salzgitter auf Kurzurlaub zu Hause. Seine Flak-Batterie beschützte dort die kriegswichtigen Hermann-Göring-Werke. Urlaub für die 16-jährigen Luftwaffenhelfer wurde nur wenig gewährt, und wenn, dann unregelmäßig und immer nur kurzfristig. Der Schüler der Scharnhorst-Oberschule in Hildesheim wurde als Flakhelfer verpflichtet und erst in einem Vorort von Hannover eingesetzt, dann in Salzgitter. Bei Fliegeralarm saßen sie an den Geschützen. Weil Detlef

Sievers der Kleinste der Flak-Batterie war, bildete er beim Antreten der ganzen Mannschaft immer das Schlusslicht. Und
weil er beim Wiegen nur 99 Pfund auf die Waage brachte und
bei der Größenmessung nur 159,5 cm, lachte man ihn aus. Das
rührte ihn nicht. Er sagte, es muss auch kleine Soldaten geben.

Er war zuerst in einer Flak-Batterie am Rande der Großstadt
Hannover eingesetzt. Nach einem schweren Bombenangriff auf
Hannover packte er beim Bergen von Menschen und beim Räumen von Trümmern tüchtig mit an. Das fiel sogar dem Kompa-
nieführer auf, und darum erhielt er sogar als einziger der ganzen
Batterie – sozusagen im Namen aller Kameraden – als 16-Jäh-
riger das Kriegsverdienstkreuz. Beim Urlaub in seiner Heimatstadt wollte der bescheidene Detlef aber mit der Auszeichnung
und dem Orden nicht angeben und lief lieber in Zivilkleidung
herum. Dann war er wieder der kleine Schüler.

Auch beim Heimaturlaub holte Detlef der Krieg wieder ein. Der
nächste Tag war schön im sonnigen Sommertag, da heulten die
Luftschutzsirenen Fliegeralarm. Und tatsächlich kam das Dröhnen vieler Flugzeugmotoren in der Luft immer näher und näher.
Liselotte und Eberhard wollten ängstlich in den Keller gehen. Aber
Detlef kannte sich aus mit dem Überflug feindlicher Flugzeuge,
stellte sich mitten in den Garten, rief Mutter und Bruder heraus
und zeigte nach oben in den blauen Himmel. Dort zogen amerikanische viermotorige Bomber in einer Formation wie in Reih und
Glied ihre Bahn von Westen nach Osten. „Die fliegen nach Berlin“,
wusste Detlef, „uns tun sie nichts.“ 40–50 Maschinen mögen das
gewesen sein, jede zog einen schnurgeraden Kondensstreifen hinter sich her. Es war ein schaurig-schöner Anblick, wie die feindlichen Flugzeuge unbehelligt mitten über Deutschland flogen.
Gab es keine deutschen Jagdflugzeuge, keine deutsche Flugab-
wehr (Flak), die ihnen verwehrte, deutsche Städte zu zerbomben?

Als die Bomber-Formation vorbeigeflogen war und die drei noch
im Garten standen, schrie Detlef plötzlich wieder und zeigte auf

den Himmel nach Osten: „Mensch, da kommt ja ein einzelner!"
Tatsächlich kam ein einzelner offensichtlich angeschossener
amerikanischer viermotoriger Bomber in umgekehrter Flug-
richtung sehr niedrig direkt auf Gronau zu geflogen. Ehe einer
reagieren konnte, rief Detlef erregt: „Mensch, der klinkt ja aus!"
Unmittelbar unter dem Flugzeugrumpf blitzte es einmal, zweimal auf. Das waren Bomben, die abgeworfen wurden, das hatte
Detlef sofort erkannt. Er warf sich sogleich platt auf den Boden
mit einer kurzen Geste, alle sollten es ihm nachtun. Kaum lagen sie mit dem Bauch auf der Erde, da hörten sie schon das typische Pfeifen herabfallender Fliegerbomben und die folgende
Explosion beim Einschlag auf der Erde. Gar nicht weit entfernt
rumste es einmal, zweimal, dreimal. Blass standen sie wieder
auf und sahen dem Flugzeug nach, das genau über ihren Köpfen flog und dann ganz niedrig immer weiter nach Westen. Da
rief Detlef schon wieder: „Mensch, da springt ja einer ab! – Und
da noch einer!" Unter der Maschine öffneten sich zwei weiße
Fallschirme. Das angeschlagene Flugzeug kam immer tiefer und
tiefer, und schließlich schlug es mit lautem Knall auf dem Boden auf, weit hinten in den Leinewiesen, etwa einen Kilometer
entfernt. Zwei Männer der Besatzung landeten mit ihren Fall-
schirmen auf einem Acker.

Einige Minuten später rannten zwei alte Bauern mit Heugabeln
auf den Schultern am Haus vorbei in die Feldmark und riefen:
„Wir wollen aufpassen, dass uns die beiden Amis nicht entwi-
schen!" Jedoch kurze Zeit darauf brauste ein Polizeiauto auf der
Straße vorbei in die Feldmark zu den abgesprungenen Fliegern
und dem zerschellten Flugzeug. Der Familie Sievers und den auf-
geschreckten Nachbarn saß die Erschütterung noch lange in den
Gliedern. Später kam das Polizeiauto mit den beiden amerikanischen Fliegern wieder zurück, die den Absturz mit ihren Fall-
schirmen überlebt hatten, nun aber gefangengenommen waren.

Die beiden Brüder Sievers setzten sich aufs Fahrrad, weil sie
neugierig waren, was aus dem abgestürzten Bomber geworden

ist. Die Maschine hatte sich tief in die Erde gebohrt, die Trümmer waren weit verstreut, die Wrackteile rauchten noch. Leichen sahen sie nicht. Wahrscheinlich waren die anderen Besatzungsmitglieder schon vorher abgesprungen. Die beiden Jungen fuhren dann noch in die andere Richtung zu den Bombentrichtern. Die befanden sich weit vor der Stadt, so dass auch durch die Bomben keiner getötet oder verletzt wurde. Sie waren auf dem „Hohen Escher" heruntergekommen, am Rande des Wäldchens. Riesige tiefe Trichter hatten sie in die Erde gebohrt, in denen sich nun das Grundwasser sammelte. Detlef fand einige handgroße Bombensplitter und nahm sie als Andenken mit nach Hause. „Junge, Junge", meinte Heinrich, „wer die an den Kopf gekriegt hätte, der lebte nicht mehr."

Dieses Ereignis löste bei den Einwohnern des Städtchen Gronaus tiefen Schrecken aus. Sie waren noch einmal davon gekommen von den tödlichen Kriegsereignissen, die die Menschen in den Großstädten so schlimm betrafen. Natürlich stand von dem Vorfall in der Gronauer Leine- und Deister-Zeitung kein Wort, weil ihr alles Militärische verboten war. Aber im privaten Stadtgespräch wurde das Glück gelobt, dass niemand getroffen wurde, auch wurde kein Mitleid mit den beiden Amerikanern ausgedrückt, die verhasste Feinde waren, die die deutschen Städte zertrümmerten. Viele Fragen blieben so unbeantwortet, wie die nach den übrigen Fliegern der Bomberbesatzung und ob die Maschine von einem deutschen Jagdflugzeug abgeschossen oder von einer Flakgranate getroffen worden war. Auch der Grund, warum sie kurz vor dem Absturz noch drei Bomben warf und ob die etwa eigentlich das Zentrum der Stadt hätte treffen sollen, blieb unbekannt. Aber dass wenigstens mal einer der feindlichen Bomber zur Strecke gebracht worden war, wurde allgemein begrüßt.

Offene Batterie

Als Heinrich eines Tages mitten im Sommer gegen Abend von der Arbeit im Elektrizitätswerk nach Hause kam, überraschte Liselotte ihn mit einem Brief von Detlef. „Sie machen dort einen Tag der offenen Tür", sagte sie, „am nächsten Sonntag. Lass uns dann mal nach Salzgitter fahren und ihn in seiner Flak-Batterie besuchen!" Die Vorstellung, am Sonntag den 16-jährigen Sohn als Flakhelfer da zu besuchen, wo er seit Monaten militärischen Dienst tat und zugleich auch Schulunterricht bekam, fand die Mutter so großartig, dass sie die Neuigkeit ihrem Mann geradezu fröhlich mitteilte. Dabei waren fröhliche Gelegenheiten seit Reinhards Tod selten, so tief saß der Schmerz über den verlorenen Ältesten. Aber mit so einer Besuchssituation zu Detlef hatten sie nie rechnen können. Er nannte seine Stellung mit Flakgeschützen immer „unsere Batterie". Flak-Batterien waren natürlich als militärische Anlagen für Zivilpersonen streng verboten. Deshalb war dieses plötzliche Angebot an die Verwandten der Schüler-Luftwaffenhelfer eine willkommene Ausnahme. „Hein, lass uns mal am Sonntag nach Salzgitter zu Detlef fahren!"

Leider teilte Heinrich ihre frohe Erwartung zu dieser Reise nicht. Gerne wäre er genauso frohgemut mit nach Salzgitter gefahren, um Detlef in seiner militärischen Einheit zu besuchen. Aber er konnte eine so weite Reise aus beruflichen Gründen nicht antreten. „Was wird, wenn es ausgerechnet dann am Sonntag Fliegeralarm gibt? Dann muss ich im Werk sein. Darum darf ich mich nicht weit aus Gronau entfernen, um jederzeit schnell bei Alarm im Elektrizitätswerk zu sein." Liselotte war über seine Reaktion tief enttäuscht, sie hatte sich doch schon so sehr gefreut. Heinrich spürte ihre Traurigkeit, aber er konnte aus Verantwortungsgefühl heraus wirklich nicht Gronau verlassen. Doch er hatte eine Idee: „Lotte, fahr du doch mit Eberhard zusammen zum Tag der offenen Batterie nach Salzgitter. Ich bleibe hier bei der kleinen Christiane."

So traten Liselotte und Eberhard die Eisenbahnfahrt nach Salzgitter an. Die Mutter hatte einen Korb gut gepackt mit einem Topfkuchen, einer Schale frisch gepflückter Erdbeeren aus dem Garten, einer Flasche selbst gemachtem Apfelsaft und einem bunten Blumenstrauß. „Fast wie bei Rotkäppchen, als sie zur Großmutter ging", bemerkte Eberhard in der Bahn, „jetzt fehlt eigentlich nur der Wein." Die Mutter lachte: „Der Apfelsaft wird ihm schon schmecken." In Salzgitter mussten sie noch weit laufen vom Bahnhof bis zu der Flak-Batterie draußen zwischen lauter Stahlfabriken. Sie kamen aber am frühen Nachmittag dort an und wurden auch richtig in die Flakstellung hineingelassen und zur Baracke Nr. 8 geschickt.

Das gab ein großes Hallo! Alle Luftwaffenhelfer von Detlefs Klasse der Scharnhorst-Oberschule Hildesheim waren in der Stube, zwei Besucher eines anderen Kameraden waren auch schon erschienen. Liselotte konnte endlich ihren Sohn Detlef wieder in den Arm nehmen. Und dann wurde das Tuch von dem Geschenkekorb gelüftet, aus dem der appetitliche frische Erdbeerduft stieg. Detlef reichte freundlich die Schale mit den Früchten seinem Nachbarn weiter, damit der auch mal kosten konnte, packte dann den Kuchen aus und geriet in Verlegenheit mit dem Blumenstrauß. Denn auf Blumen waren die Jungen in ihrer Barackenstube nicht eingerichtet. Einer kramte ein leeres Marmeladenglas hervor, das diente gleich als Blumenvase. Inzwischen ging die Erdbeerschale in der Stube von Hand zu Hand herum, und nun kam sie wieder bei Detlef an – aber leer! Detlef machte ein dummes Gesicht, aber als alle lachten, auch seine Mutter und sein Bruder, lachte Detlef auch mit über das schöne frische Geschenk der Besucher an alle Kameraden.

In dem Augenblick ging laut die Tür von draußen auf, und ehe man sich umsehen konnte, wer denn nun kam, ertönte ein lauter Schrei: „Aaaaaachtung!" Einer der Jungen – der „Stubenälteste" – musste diesen Ruf schreien, wenn ein Offizier die Stube betrat. Im Nu sprangen alle Jungen auf, von ihren Stühlen oder von ihren Betten, unterbrachen jedes Gespräch, nahmen stramme Haltung an mit Blick zu dem Offizier und mit Händen an der Hosennaht, und der Stubenälteste sagte laut und deutlich, indem er die rechte gestreckte Hand an die Schläfe legte: „Stube Nummer 16, Baracke 8 vollständig anwesend, dazu auch fünf Besucher, Herr Hauptmann!“ – „Danke“, erwiderte Hauptmann Bolt, der Chef der Flak-Batterie, „Rührt euch!“ Die Haltung der Jungen löste sich, sie blieben aber ruhig stehen, um zu hören, was der Offizier ihnen zu sagen hatte. Die Besucher waren von diesem Vorgang völlig überrascht und wussten nicht so schnell, ob sie als Zivilpersonen nun auch steif gerade stehen sollten mit der Hand an der Hosennaht.

Hauptmann Bolt lächelte, stellte sich vor und gab jedem Besucher die Hand. „Wie schön, dass Sie zu unserer Offenen Batterie gekommen sind. Wir haben das gemacht, damit Sie Gelegenheit haben, zu sehen, wo Ihre Jungen abgeblieben sind.“ Dann wandte er sich an die Stubenmannschaft: „Wenn Besuch kommt, muss eure Stube picobello sein. Fußboden fegen und wischen, der Tisch ist sauber und aufgeräumt, die Betten glatt und die Spinde ordentlich in den Fächern.“ Hier meldete sich der Stubenälteste zu Wort: „Den Fußboden haben wir bereits gefegt und auch sauber gewischt, Herr Hauptmann!“ – „Na, das ist gut. Ihr sollt euren Eltern und Geschwistern einen guten Eindruck hinterlassen.“ – „Aber was habt ihr denn zu reden?“, fuhr Bolt zwei Jungen an, die sich etwas zugeflüstert hatten. „Wenn ein Offizier mit euch redet, habt ihr zu schweigen, habt ihr das verstanden? Damit ihr euch das merkt, werdet ihr jetzt zwei Strafrunden um die Baracke laufen. Los! Raus marsch marsch!“ Die beiden Jungen rannten sogleich aus der Tür hinaus. „Denkt an die Betten und die Schränke“, sagte Bolt zu allen, und zu den Besuchern gewandt: „Also wir sehen uns in einer halben Stunde drüben in der Kantine“, und verabschiedete sich mit „Heil Hitler!“ Die Jungen nahmen wieder militärische Haltung an und sagten wie aus einem Mund: „Heil Hitler, Herr Hauptmann!“ Und einer sprang hinzu, um dem Herrn Hauptmann die Tür nach draußen zu öffnen.

Kaum war der Chef draußen, fing das lockere Gespräch wieder
an. Die geschwatzt hatten, kamen keuchend zurück. Über solche
harmlosen Strafmaßnahmen lachten sie nur. Von anderen Vorgesetzten waren sie ganz andere raue Töne gewöhnt und wurden
angeschrien, wie es beim Militär unter Männern üblich ist. Nach
und nach kamen noch weitere Besucher, von den Jungen spannend
erwartet und freudig begrüßt. Enttäuscht waren die Flakhelfer,
die allein blieben und nur von den Geschenken der Kameraden
naschen konnten. Detlef zeigte Mutter und Bruder sein Bett und
sein Spind und erzählte von seinem Dienst und vom Unterricht,
wenn morgens ein Lehrer dazu angereist kam. Schließlich bega-
ben sich alle zur Kantine in eine andere Baracke, wo die Besucher
an diesem Tag der Offenen Batterie zusammen kommen sollten.

Hauptmann Bolt begrüßte alle Besucherinnen und Besucher –
es waren meistens die Mütter gekommen, weil die Väter als Soldaten eingezogen waren –, dann wünschte er guten Appetit zu
zwei Tassen Malzkaffee und zwei Stückchen Zuckerkuchen. Zur
Unterhaltung spielten zwei Soldaten auf einer Harmonika und
mit einer Trompete einen zackigen Marsch und eine Volkswei-
se. Danach erzählte Bolt teilweise belustigt, teilweise väterlich
besorgt, wie sich die Flak-Batterie auf die jungen Leute einstellen musste und wie die Jungen die militärische Ordnung lernen
mussten. Er lobte die Bereitschaft der Flakhelfer, die Handgriffe an den Geschützen zu lernen und sich der notwendigen Ordnung unter die Befehle der Offiziere anzupassen. Sie seien der
Batterie eine große Hilfe und täten ihren Dienst Tag und Nacht
mit Verantwortung und auch mit Freude. Morgens wären sie
Schüler, an jedem Tag komme für drei Stunden am Vormittag
ein anderer Lehrer für ein Fach, mal für Französisch, mal für
Mathematik, mal für Physik, und so weiter. Nachmittags wären die Jungen Soldaten und übten sowohl das Militärische als
auch die Bedienung der Flakgeschütze.

Für die Besucher war das alles äußerst interessant, und sie hörten gerne, dass Bolte die junge Mannschaft lobte und dass sie

stolz auf die Jungen sein könnten. Zum Schluss spielte einer der jungen Luftwaffenhelfer auf dem Klavier den „Türkischen Marsch" von Wolfgang Amadeus Mozart. Dann war für Liselotte und Eberhard noch Zeit, sich in einem Rundgang durch das Gelände die Baracken und die Geschützstellungen zeigen zu lassen. „Ich sitze nicht direkt an der Kanone", sagte Detlef, „sondern am Funkmessgerät. Das Gerät misst die Höhe der feindlichen Flugzeuge, und ich gebe diese Höhenwerte an das Geschütz weiter, und dann wird die Zündung der Flakgranate direkt vorm Abschuss so eingestellt, dass die genau in dieser Höhe explodiert." Detlef erzählte auch, dass sie in ihrer Freizeit stundenweise Urlaub bekommen, um zum nahen Badesee zum Schwimmen zu gehen. „Natürlich nicht, wenn wir in Alarmbereitschaft in der Batterie bleiben müssen."

„Nun wird es auch Zeit, dass wir uns auf den Heimweg zum Bahnhof machen", mahnte Liselotte. Sie nahm ihren lieben Sohn noch einmal in den Arm. Für sie war es ein schwerer Abschied, weil sie immer noch den Verlust ihres ältesten Sohnes im Herzen hatte. Aber einmal anschaulich kennenzulernen, wo Detlef abgeblieben ist und was er, der noch Schüler ist, schon als Soldat leisten musste, war ihr wichtig und machte sie ruhig. „Den Türkischen Marsch hätte ich auch spielen können", meinte Eberhard, der Klavierunterricht hatte, während der Rückfahrt in der Eisenbahn. Er ahnte die Sorge seiner Mutter und fing das Gespräch an, dass die Soldaten in den Flak-Batterien an den Geschützen sitzen und nicht im Luftschutzkeller, wenn feindliche Flugzeuge über sie hinweg fliegen, weil sie genau dann losballern.

Als Detlef von seinem Funkmessgerät erzählte, erinnerte sich Eberhard auf einmal an den rätselhaften Fund von Stanniolstreifen beim Kartoffelkäfersuchen. Wenn die Funkwellen statt auf die Flugzeuge auf die abgeworfenen Stanniol- Bündel in der Luft trafen, wurden sie geschickt getäuscht, und die Flakgranaten explodierten nicht an den Bombern, sondern weit unter ihnen in den schwebenden Haufen von Stanniolbündeln. Für Liselotte war der freundliche, aber bestimmte Ton des Batteriechefs sehr angenehm und beruhigend. Eberhard hatte gehört, dass Bolt bei den jungen Flakhelfern mehr beliebt war als der Feldwebel und andere Vorgesetzte. Hauptmann Bolt war noch nicht alt, war schneidig und bestimmt, aber voll Verständnis für die Lebenssituation der Schüler als Soldaten. „Hoffentlich kommt Detlef da gut durch", seufzte Liselotte, „ich glaube, bei Bolt sind sie in guten Händen." Für Eberhard war der Besuch einer Flakstellung in Salzgitter ein interessanter Blick in eine sonst verschlossene Welt. Liselotte dachte mehr an ihren Sohn, nicht voller Angst, aber mit sorgenvoller Nachdenklichkeit.

Mutterkreuz

Eines Tages erhielt Liselotte einen überraschenden Besuch. Die NS-Frauenschafts-Leiterin Frau Schmale kam, um ihr das wohlverdiente Mutterkreuz zu überreichen. Liselotte hatte heimlich schon oft daran gedacht, aber kein Wort davon verlauten lassen. Sie erinnerte sich an großartige Feiern in vollbesetzten Sälen mit Musik und Unterhaltungsprogrammen und markigen Reden und stolzen Überreichungen des Mutterkreuzes an die Frauen, die es durch die Geburt eines Kindes vom vierten Kind an verdient hatten. Wie gern wäre sie eine von diesen öffentlich geehrten Müttern gewesen! Nicht, dass sie ihren Orden zur Schau tragen wollte, dazu war sie viel zu bescheiden. Aber diese öffentliche Ehrung (im Sinne der nationalsozialistischen Familien-Ideologie) empfand sie als übereinstimmend mit dem Wunsch ihres Lebens, Kinder zu bekommen, groß zu ziehen und ihnen eine gute Mutter zu sein.

Nun aber war der Krieg schon so weit fortgeschritten, dass kaum noch eine große Kundgebung im Saal stattfand. Vor zu viel notwendiger Arbeit gab es keinen Spielraum für Feiern. Der Bevölkerung war auch wirklich nicht nach Feiern zumute. Darum wurde nun das Mutterkreuz in Bronze im privaten Bereich in der Wohnung überbracht. Die beiden Frauen kannten sich, und die Frauenschaftsleiterin beschränkte die bei diesem Anlass üblichen politischen Formeln auf einige Begriffe, die auf der beigefügten Urkunde standen. Im Übrigen gab es über das niedliche Kindchen genug zu reden, wie es zwischen Frauen und Müttern üblich ist. In Familie Sievers hatte ja unmittelbar nach der Geburt des Kindes der Tod zugeschlagen. So fiel in diesem Gespräch von Frau Schmale ein Wort vom „Heldentod und Mutterkreuz", das die familiäre Situation im damals gängigen Sprachgebrauch kennzeichnete, ohne dass sie dann noch ideologisch überhöht ausgemalt und damit verflacht wurde.

Diese Mutterkreuz-Überreichung fand am späten Nachmittag statt, und Heinrich war vom Überlandwerk zurückgekommen, so dass er dabei war. Das Gespräch mit Frauenschaftsleiterin Schmale wurde über seinen grundsätzlich freundlichen Charakter hinaus zu einer Gelegenheit, diese besondere Situation der Familie offen und vertraulich im direkten Zusammenhang mit den politisch-gesellschaftlichen Verhältnissen zu diskutieren. Reinhards Tod war keineswegs die rühmliche Heldentat eines tapferen Soldaten – und das war der Tod an der Front gefallener Soldaten meistens auch nicht –, und das Glück eines neugeborenen Kindes war in jener schweren Zeit ein ausgesprochen gefährliches Risiko. Und zwar noch über die gesundheitliche Gefahr einer jeden Frau hinaus, die ein Kind austrägt und zur Welt bringt. Eigentlich verdiente jede Frau, die ein Kind bekommt, einen Orden. Die politische Lage war, wenn man sie nüchtern und ehrlich betrachtet, aussichtslos.

Das durfte man nur nicht laut sagen. Aber in diesem Gespräch wurden solche Tatsachen von Frau Schmale offen und freimütig ausgesprochen und nicht schamhaft verschwiegen. Alles blieb natürlich unter den Dreien. Doch für Heinrich und Liselotte war wichtig, dass die politische Lage ehrlich ausgesprochen wurde, weil das Thema der aussichtslosen Kriegssituation sonst unter den Eheleuten wie auch in der Öffentlichkeit tabu war.

Als Liselotte das kostbare Foto von ihr und ihren vier Kindern zeigte und von der Taufe Christianes erzählte, bekam dieses Gespräch eine Wendung, die wohl alle drei überrascht haben mochte. Die Besucherin betonte, dieses Kind war ein richtiges Gottesgeschenk, so wie der Tod des Sohnes Reinhard tröstlich vor Gott gebracht werden konnte. Christiane als ein wunderbares Wunder und wie ein Segen für die ganze Familie dankbar anzunehmen, war ein so schöner zu Herzen gehender Gedanke, dass es eine Freude für Liselotte und den oft mehr stillen Heinrich war. Ausgerechnet die Leiterin der Gronauer NS-Frauenschaft äußerte sich christlich, so dass die Situation der Familie innerlich religiös bedacht und besprochen wurde. So wurde aus der formalen Überreichung des Mutterkreuzes unerwartet ein seelsorgerliches Gespräch, das die beiden Eheleute nie wieder vergaßen. Wie gut, dass es für diesen Anlass keine Großkundgebung mehr mit protzigen Reden und hohlen Phrasen gegeben hatte!

Christiane

Heinrich in Kiel

Ein schwerer Bombenangriff traf in diesem Sommer die Stadt Kiel, die mit ihrem Ostsee-Hafen der Kriegsmarine ein strategisches Ziel der Alliierten war. Die schweren Schäden, die dieser Angriff anrichtete, bekamen insofern eine Bedeutung für Familie Sievers in Gronau, als Heinrich beauftragt wurde, mit einem tragbaren Kabelmessgerät in die stark zerstörte Stadt zu fahren, mit dem man die Zerstörungen, Unterbrechungen und Beschädigungen von unterirdischen Elektrokabeln genau orten konnte, so dass notwendige Reparaturstellen schnell ausfindig gemacht werden konnten. Dabei ging es nicht nur um die Spezialgeräte, sondern man benötigte auch Ingenieure, die sie fachlich erfahren bedienen konnten. Heinrich erreichte diese Nachricht keineswegs wie eine technische Anfrage, sondern es war ein dienstlicher Befehl.

Er lief sogleich in den Lagerraum des Werkes, um nach dem Kabelmessgerät zu sehen. Er fand es auch in einem Regal, aber direkt daneben fiel sein Blick auf einen Karton mit elektrischen Kerzen. Obwohl es ja noch mitten im Sommer war, hatte er ein Gefühl, dass so ein Karton zu Weihnachten wichtig werden könnte. Es war eine Zeit, in der alles knapp war und in der man deshalb alles Mögliche, was man mal brauchen konnte, vorsichtshalber aufheben musste. Darum nahm er diesen Karton mit elektrischen Kerzen mit in sein Büro und legte ihn dort in seinen Schrank.

Am nächsten Tag im August setzte sich Heinrich mit seinem Gerät, das er über die Schulter gehängt trug, in die Bahn und fuhr nach Kiel, eine Stadt, die er kannte, weil er ja aus Schleswig-Holstein stammte. In der nach dem Angriff bitter zerstörten Stadt Kiel fragte sich Heinrich nach dem Städtischen Elektrizitätswerk durch und meldete sich dort an, denn von dem Werk war Hilfe zur Reparatur des Stromnetzes angefordert worden. Heinrich wurde schon dringend erwartet und sofort zum Aufspüren der Kabelschäden eingesetzt. So stolperte er in den Straßen über Schuttberge, räumte Berge von Ziegelsteinen von Kabelkästen an Straßenecken und kletterte in Bombenkrater, immer Acht gebend, dass er nicht von umstürzenden Ruinenwänden getroffen wurde. Abends lief er todmüde zur Kantine des Werkes und in sein Quartier. Man brachte ihn dort bei Privatleuten unter, was nicht einfach war, weil viele Wohnungen überfüllt waren. Die Bewohner von heil gebliebenen Wohnungen nahmen die Nachbarn auf, deren Haus zerstört worden war. Heinrich Sievers gab in der Kantine des Elektrizitätswerkes seine Lebensmittelmarken ab, wo er für diese Zeit verpflegt wurde. Über eine Woche lang arbeitete er dort in Kiel.

Er erfuhr durch das Herumkramen in Schutt und Ruinen am eigenen Leibe die fürchterliche Zerstörungsgewalt der Bomben und Luftminen. Die ersten feindlichen Flugzeuge eines Bomberverbandes warfen die sogenannten „Tannenbäume" ab, Leuchtfallschirme, die den nächsten folgenden Bomberpiloten das zu treffende Gebiet anzeigte. Dann kamen die Luftminen, Bomben, die nicht erst beim Aufschlag auf die Erde zündeten, sondern schon in der Luft dicht über den Häusern. Deren Explosion richtete unheimlich wirksame Zerstörungen der Dächer und Häuserfassaden an. Schließlich wurden in die zerstörten Häuser Hunderte von kleineren Brandstäben und Phosphorbomben geworfen, die überall Brände zündeten, so dass das Löschen schier unmöglich wurde, denn der brennende Phosphor brannte selbst unter Wasser weiter. Solche tödlichen Bombenangriffe überlebten die Stadtbewohner nur in festen Luftschutzkellern oder neugebauten dicken Bunkern auf freien Plätzen und in Parkanlagen.

Die Kieler Familie, bei der Heinrich Unterkunft gefunden hatte, nahm den Gast freundlich auf. Als sie erfuhren, dass Heinrich Sievers aus Wilster in Schleswig-Holstein nicht weit von Kiel aufgewachsen war, sagten sie gleich „Hein" zu ihm. Abends luden sie ihn in ihre Wohnstube ein zu einem Glas Wein. Das war etwas

Besonderes für Heinrich; Wein hatte er lange nicht mehr trinken
können. Diese Leute hatten einen Sohn, der in Württemberg einen Weinberg betrieb. Seine Frau schickte den Schwiegereltern
im fernen Norden auch im Kriege in jedem Jahr einen Karton
mit eigenem Wein. Den bekam auch Heinrich nun zu kosten.
Sie waren auch sehr gesprächig und unterhielten sich leutselig
und offen mit ihrem Gast. Die Gastgeberfamilie bestand aus einer Mutter mit ihrer erwachsenen Tochter, während der Mann
und der Sohn bei der Wehrmacht im Osten waren. Oma und Opa
wohnten gleich nebenan und kamen abends mit in die Stube.

Sie erzählten: Den Bombenangriff überlebten sie im Luftschutzkeller ihres Hauses. Mit der wachsenden Gewissheit, dass Kiel
dieses Mal das Ziel des Bombenangriffes war, kam auch die
Angst. Es war fürchterlich, die Einschläge der Bomben zu hören und jeden Augenblick zu erwarten, dass ihr Haus über ihren
Köpfen getroffen wurde und zusammenstürzte. Sie hatten sich
alle mit Oma und Opa zusammen eng umschlungen und bei jedem donnernden Einschlag Todesangst ausgestanden. Als das
Donnern der Bombeneinschläge weniger wurde und das Brummen der feindlichen Flugzeuge nachließ, die abdrehten, warteten sie im Keller nicht, bis Entwarnung kam, sondern nahmen
sich kaum Zeit, erleichtert aufzuatmen. Sie rannten nach oben
in die Wohnungen, um zu sehen, was der Angriff angerichtet
hatte: Einige Fensterscheiben waren bei ihnen zersprungen,
sonst nichts. Dann schauten sie oben auf dem Hausboden nach,
ob da keine Brandbomben brannten und ihr Haus zum Brennen
bringen würde. Es hatte schon Leute gegeben, die gar nicht bemerkt hatten, dass das Dach oben anfing zu brennen, während
sie unten schlafen gingen. Dann wurde zuletzt auf die Straße
und nach den Nachbarhäusern geguckt.

Für Heinrich, der bei diesen Erzählungen ergriffen zuhörte, war
das alles völlig neu. Er sagte dazu nur den Spruch, den er neu-
lich zu hören bekam, als in Gronau vom Leiden der Bevölkerung
im Kriege die Rede war: „Wie gut, dass wir den Führer haben." –

„Der Führer?", wiederholte die Frau mit fragendem Ton, genauer gesagt mit etwas herablassendem, fast verächtlichem Unterton, „der Führer sollte sich das mal selbst ansehen hier." Sie hatte tatsächlich mit einem solchen wie beiläufig klingenden Satz einen politisch brisanten Punkt angesprochen. Adolf Hitler hatte sich die zerbombte Stadt Kiel – denn das war ja keinesfalls der erste Angriff auf die Hafenstadt – noch nie selbst angesehen. Ja, genauer gesagt, weder der Führer noch einer von den Männern seiner Regierung hatte jemals eine unter feindlichen Bombenangriffen zerstörte deutsche Stadt besucht und zu den Bewohnern in ihrem Leid gesprochen und ihre Hilfe zugesichert. Die Politiker waren nach solchen Angriffen stumm, konnten höchstens nur ein paar propagandistische Parolen tönen lassen. Und die Bevölkerung blieb mit ihrem Leid unter den Trümmern und inmitten der Ruinen allein gelassen. – Das alles wurde in der Familie beim Glas Wein mit größter Betroffenheit und Offenheit ausgesprochen und erörtert. Heinrich war still. Nicht nur, weil er in seinem Städtchen bisher von solchen direkten Kriegserfahrungen verschont blieb und nichts dazu sagen konnte, sondern weil er nun spürte, wie verkehrt er mit seiner politischen Bemerkung gelegen hatte.

Die Leute nahmen ihm das nicht übel, nahmen aber vor ihm auch kein Blatt vor den Mund. „Hein, du in deinem kleinen Städtchen an der Leine!", sagten sie lachend zu ihm. Während der Rückfahrt saß Heinrich sehr nachdenklich in der Eisenbahn. Die freundlichen Kieler hatten so viel Schlimmes durcherlebt und mit ansehen müssen. Sie hatten von den betroffenen Nachbarn und von ihnen selbst offen und unbefangen erzählt. Sie hatten dabei eigentlich nicht geklagt, sondern nur ehrlich gesagt, wie sie diesen Krieg am eigenen Leibe erlebt hatten. Sie hatten nicht auf die schlimmen Engländer und Amerikaner mit ihrer tödlichen Bombenlast geschimpft, aber auch nicht auf die deutsche Regierung. Dabei hätten sie doch allen Grund dafür gehabt, die einen für das Morden der Zivilbevölkerung und die Zerstörung ihrer Wohnungen zu hassen und die anderen, die ihnen mit dem leichtfertigen Kriegsausbruch das ganze Leid eingebrockt hatten. Nein, die Kieler bewerteten und beurteilten in ihren Gesprächen überhaupt nicht die politisch Verantwortlichen, sondern sprachen mehr über den Krieg und seine schrecklichen Ereignisse, die sie nie für möglich gehalten hatten.

Nach seiner Rückkehr blieb Heinrich in Gronau zuerst sehr still. Liselotte war das von ihm gewohnt, denn er war von Natur aus als Norddeutscher überhaupt wortkarg. Nach und nach erzählte Heinrich dann seine Erlebnisse in der zerbombten Stadt, und schließlich auch von den Menschen, die er dort getroffen hatte und die unter dem Angriff gelitten hatten. Es war für ihn eine Begegnung mit dem Krieg, der nicht nur die Front der Soldaten betraf, sondern die Zivilbevölkerung in der Heimat direkt in Mitleidenschaft zog. Dem kleinen Städtchen Gronau war solches Leid bisher erspart geblieben. Was Heinrich aber am meisten beschäftigte und bedrängte, waren die tiefen Zweifel, die sich in sein bisher unkritisches Vertrauen in die politische Führung Deutschlands gebohrt hatten. Zu krass war der deutliche Gegensatz zwischen dem, was man realistisch sah, hörte und am eigenen Leibe spürte, und dem wirklichkeitsfremden öffentlichen politischen Gesagten. Über diese nunmehr kritische Einstellung sprach Heinrich auch mit seiner Frau und seinem Sohn, die sich sehr über diesen Meinungsschwenk Heinrichs wunderten. Sie fühlten nun eine Erleichterung, auch mal im Familiengespräch offen über die nationalsozialistische Regierung schimpfen zu können. „Immer dieser totale Krieg“, und „der dicke Meier“ und „die große Schnauze“.

Raketen V1 und V2

In den ersten Jahren des Zweiten Weltkrieges wurden besondere Erfolge der deutschen Wehrmacht im Radio als „Sondermeldung“ verkündet, von entsprechend schmissiger Marschmusik begleitet. Das war die Zeit, als halb Europa von deutschen Truppen erobert und besetzt wurde und die starke deutsche Unterseebootflotte haufenweise feindliche Schiffe versenkte. Im Jahr 1944 war diese Zeit aber lange vorbei. Das Kriegsgeschehen wendete sich und schnürte Deutschland mehr und mehr ein. Den Amerikanern gelang es, den deutschen Funkverkehr zu entschlüsseln und dadurch die Position der Unterseeboote genau aufzufinden und sie zu bekämpfen. Da gab es keine Anlässe mehr für stolze siegreiche Sondermeldungen. Umso erstaunter guckten Eberhards Eltern, als er eines Tages im September aus der Schule kam mit der Neuigkeit, in Kürze sei mit einer Sondermeldung im Radio zu rechnen. Diese Ankündigung hatten mehrere Schulkameraden am frühen Morgen abgehört und weitererzählt.

Tatsächlich ertönte gegen 17 Uhr desselben Tages das von früher her wohlbekannte Signal, das eine Sondermeldung einleitete. Familie Sievers hing am Radio. Es wurde gemeldet: Deutschland hätte eine neue Weitstreckenrakete erfunden und entwickelt, eine Rakete, die bis England fliegen könnte und nun London bombardierte. Weil man mit dieser neuen Waffe Vergeltung üben könne gegen die Bombardierung deutscher Städte durch Briten und Amerikaner, hießen diese Raketen V1, Vergeltung. Die beschießen nun London. Ende der Sondermeldung, und: tata-tata, schneidige Marschmusik. – Da schlug nun gleich das Herz wieder schneller. Endlich mal wieder ein Hoffnungsschimmer in all der trüben Zeit. Was sollte man nun davon halten? So toll, wie das ist, dass es mal nicht nur um Verteidigung ging, sondern um Angriffe vom deutschen Boden aus, so musste man doch zweifeln, ob diese Wunderwaffe wirklich etwas ausrichten könnte gegen die ungeheure Übermacht der feindlichen Waffen und Truppen im Westen, Süden und Osten Europas und gegen die Zerstörung deutscher Städte durch feindliche Kampfbomber.

Kurze Zeit später setzte die deutsche Kriegsführung noch eine zweite Wunderwaffe ein, die V2. Das war eine Weitstreckenrakete, die noch viel schneller flog – einige der V1-Raketen konnten nämlich auf ihrem Flug nach England von schnellen britischen Jagdflugzeugen abgeschossen werden – und die in so ungeheurem riesigen Bogen hoch in den Luftraum flog, dass sie völlig unerreichbar war. Auch diese erneute Sondermeldung brachte mal wieder einen Hoffnungsschimmer, konnte jedoch das Kriegsgeschehen nicht entscheidend ändern, das Deutschland in zunehmendem Maße in ernste Bedrängnis brachte.

Aber Eberhard hatte ein seltsames Erlebnis in diesem Zusammenhang. Auf dem Bahnhof, auf dem er als Fahrschüler täglich auf dem Weg zur Schule in Hildesheim umsteigen musste, fuhr einmal ein langer Güterzug ein, der vor einem geschlossenen Signal halten musste. Er bestand aus flachen roten Güterwagen, von denen immer je zwei durch eine graubraune lange zwei Meter breite Plane verbunden waren.

Als der Zug hielt, sprangen Soldaten mit Stahlhelm und umgehängtem Karabiner ab und bewachten den Zug auf dem Bahnsteig. Eberhard in seiner etwas naiv wirkenden kindlich-ahnungslosen Art ging freundlich lächelnd auf einen der Wachsoldaten zu und fragte ihn, was der Zug denn hinter den Planen verborgen hätte. Der Mann, erstaunt über so viel unbefangene Naivität, wenn ein Güterzug doch offensichtlich bewacht wird, legte den Finger an den Mund und erwiderte: „Das darf ich nicht sagen!" Dabei schaute er sich mit heimlich-schnellem Blick um. Da pfiff der Lokführer. Die Wachsoldaten sprangen wieder auf den Güterzug auf, der zur Weiterfahrt ansetzte. „Raketen", rief der Gefragte noch schnell und leise Eberhard zu, „da sind Raketen drauf!" – Eberhard konnte sich damals keinen Reim darauf machen. Erst nach den Meldungen über deutsche Wunderwaffen nach England mit der V1 oder V2 konnte Eberhard sein seltsames Erlebnis auf dem Bahnhof verstehen und mit den Vergeltungswaffen in Verbindung bringen.

Sparen, reparieren, flicken

Als Eberhard einmal seine Strümpfe auszog, kam ein großes Loch im Strumpf zum Vorschein. Er zeigte den Strumpf seiner Mutter mit der Bitte, ihn zu stopfen. Aber Liselotte war mit einem Haufen Brotbeuteln beschäftigt, die unbedingt noch fertig werden mussten. „Kannst du das nicht selber machen?", fragte sie. „Nein", antwortete Eberhard, „wie macht man das?" – „Lisa, zeig Eberhard mal, wie man ein Loch im Strumpf stopft!" Lisa war gerne bereit dazu. Die beiden jungen Leute setzten sich an einen Tisch, und Lisa holte alles, was man dazu braucht, auch einen Apfel. „Wozu denn der Apfel beim Strümpfestopfen?", fragte Eberhard neugierig. „Das wirst du gleich sehen." Lisa packte den Apfel in den kaputten Strumpf und zog das Loch direkt über den Apfel. „Wenn man keinen Stopfpilz aus Holz hat", erklärte Lisa, „macht es ein dicker Apfel auch." Dann brachte sie Eberhard genau die Handgriffe bei, die man zum Strümpfestopfen braucht. Und da Eberhard nicht dumm und nicht ungeschickt war, glückte das Vorhaben zufriedenstellend.

Wurde Eberhard mit Vaters Schuhen zum Schuster in der Josef-Goebbels-Straße geschickt, so hatte er damit ein Problem. Der Schuster kriegte kein Leder zum Besohlen der Schuhe. Heinrich trug aus diesem Grunde immer Stiefel. Denn die wurden mit Eisen beschlagen. Das schonte die Ledersohlen. Der Schuster schlug eiserne Schuhnägel in die Sohlen und eiserne Hufeisen an die Hacken. Die Schritte des Mannes waren darum immer hart und laut, er konnte nicht auf leisen Sohlen daherkommen. Waren Eisennägel und Hufeisen abgenutzt, wurden die Sohlen neu mit Eisen beschlagen. „Genau wie bei den Pferden", meinte der Schuster.

Liselotte hatte sich geschickt eingearbeitet zum Reparieren aller möglichen Textilien mit der Nähmaschine. Jacken, Mäntel und Hosen wurden dekorativ geflickt, weil es keine Kleidung zu kaufen gab. Für besonders dringende Anschaffungen, zum Beispiel für heranwachsende Kinder, konnte man sich im Rathaus einen „Bezugsschein" ausstellen lassen. Ob man damit wirklich irgendwo ein neues Kleidungsstück erwerben konnte, war eine zweite Frage. Liselotte flickte und stopfte alles mit kreativem Eifer. „Wir können doch nicht herumlaufen wie Lumpen", meinte sie.

Der „Totale Krieg" erfasste sämtliche Bereiche des Lebens als Ausfälle und Lücken an Menschen und Material. Die Knappheit der Lebensmittel betraf natürlich alles, was sonst aus anderen Ländern eingeführt wurde, es gab also weder Bananen oder Orangen noch Tee oder Kaffee, und wenn, dann natürlich nur für Soldaten, für Lazarette. Ganz abgesehen von jedweden Luxusgütern (Pelzmantel), und wer noch welche besaß, durfte sie auf keinen Fall zeigen, weil schon mehrmals in öffentlichen Sammlungen gebeten worden war, Pelzmäntel für die im Osten frierenden Soldaten zu spenden.

Es gab nur eine schmale Auswahl von Medikamenten, alle Ärzte waren ältere Herren, die Krankenhäuser nur notdürftig besetzt. So wie überall, in der Verwaltung, in Schulen, in Fabriken und im Handel wurde die Arbeit von älteren Arbeitnehmern und vielfach von Frauen geleistet. Der kriegsbedingte Ausfall und die entsprechende Verknappung betrafen auch alle Gebrauchsgüter, Kleidung und Schuhe, Heizung und Reparaturen, Fahrzeuge und Werkzeuge, Bahnen und Busse. Jeder Nagel, jeder Bindfaden wurde sorgsam aufgehoben, Zeitungspapier sorgfältig in kleinere Stücke geschnitten und als Klopapier benutzt. Die Kartoffeln wurden extra dünn geschält, und die Kartoffelschalen nicht weggetan, sondern gekocht und als Futter dem Schwein oder den Hühnern hingeworfen, die sich darauf stürzten.

Deswegen wurde der „Ersatz" großgeschrieben. Zum Frühstück bereitete Liselotte den „Muckefuck" genannten Kaffee-Ersatz. Sie fand draußen in einer Wiese Pfefferminzblätter als Tee. Wie sie überhaupt findig war, Koch- und Backrezepte der schmalen

Lebensmittel-Ration anzupassen. Mit Kartoffeln aus dem Garten, mit Äpfeln, die als Fallobst an Landstraßen mit Apfelbäumen aufgelesen wurden, mit Eiern der eigenen Hühner verstand sie es, schmackhaftes Essen zuzubereiten und damit die Familie einigermaßen zu ernähren. „Sparen" hieß es überall. Das führte sogar zu solchen skurrilen Ideen wie zu einem kleinen Sieb aus Pappe auf der Schuhcreme, um beim Schuheputzen weniger zu verbrauchen. Damit Kerzen nicht abtropfen konnten, sondern länger brennen, stülpte man Hülsen wie kleine Zylinder oben über die Kerzen. Heinrich, der keine Rasierklingen mehr kaufen konnte, schärfte gebrauchte Klingen durch Hin- und Herreiben in einem Marmeladenglas.

Der Rasierpinsel wurde nach der Rasur nicht unter klarem Wasser sauber gespült, um die kostbare Seife für den nächsten Tag zu sparen. Als Mitbringsel bei Besuchen und Geschenk bei Geburtstagen waren Flaschen mit Apfelsaft oder Gläser mit Marmelade ohne Zucker oder ein Knäuel aus Wollfäden von abgeribbelten alten Wollstoffen beliebt. Angeblich soll dieses notdürftig-knappe Leben besonders gesund gewesen sein ohne üppige Speisen, aber das glaubte keiner. Der „schwarze Markt" mit seltenen Gütern begann sich heimlich zu entfalten, für furchtbar viel Geld oder im Tauschverfahren.

Man kaufte alles, was es irgendwann in dieser Zeit der Knappheit einmal gab, auch wenn man es nicht gerade brauchte. Man legte Wert auf Vorräte und „hamsterte" alles, wenn es Seltenes zufällig mal zu kaufen gab: Nähnadeln, Nähgarn, Klebstoff, Schrauben, Glühbirnen, Bleistifte, Scheuersand, Seife, Schreibpapier, Briefumschläge, Streichhölzer, Gebrauchsgegenstände, die man nicht essen, aber lagern konnte.

Zwangsverschleppte

Detlef, der Flakhelfer, wurde im Juli 17 Jahre alt und damit wehrdienstpflichtig, denn der Einzug junger Männer zur Wehrmacht war schon lange von 18 Jahren auf ein Jahr früher festgelegt worden. Als Detlef vor der Aufnahme in die Wehrmacht gemustert und ärztlich untersucht wurde, stellt man seine Körpergröße als zu klein und sein Körpergewicht als zu leicht fest. Darum wurde er nicht eingezogen, sondern blieb Flakhelfer (offiziell Schüler). Detlef hatte schon damit gerechnet, darum war er mit der Zurückstellung durchaus einverstanden und blieb bei seiner Flak-Batterie bei den Hermann-Göring-Werken in der Nähe von Salzgitter. Er drängte sich nicht danach, nun Soldat zu werden. Die Eltern beruhigte dieses Verfahren, nachdem sie einen Sohn als Soldat verloren hatten.

Als Detlef dann für ein Wochenende im September auf Urlaub nach Gronau kam und von seinem Leben in der Flak-Batterie erzählte, erwähnte er beiläufig, dass sich neben der Batterie ein Lager für zwangsverpflichtete Frauen aus Russland befand, die in den Hermann-Göring-Werken arbeiteten. „Denen geht es aber schlecht", sagte Detlef, „die kriegen nicht genug zu essen und stehen am Zaun und strecken ihre Hände durch den Draht, um zu betteln." Die Eltern wollten das gar nicht glauben. „Wir Deutsche behandeln doch solche Frauen ordentlich! Wenn sie arbeiten müssen, müssen sie doch auch ausreichendes Essen kriegen." Doch Detlef erzählte noch mehr. „Sie werden auch geschlagen. Man hört oft die Schreie der Frauen und die Flüche der Wachhabenden und das Klatschen der Peitschenhiebe. Das ist da an der Tagesordnung. Betteln ist ihnen aber streng verboten. Kommt ein Wachhabender in Sicht, ziehen die Frauen ihre Hände aus dem Maschendraht zurück und tun so, als wenn sie nur so da herumstehen." Wenn der Junge so glaubwürdig und ausführlich davon erzählte, was er sah und hörte, war das für Heinrich und Liselotte völlig neu und erschütterte ihr ehrliches Zutrauen zum guten deutschen Wesen der Uniformierten. „Bestimmt sind das Russinnen, die was ausgefressen haben!" – „Ach was", erwiderte Detlef, der es besser wusste, „die werden immer so brutal behandelt. Wenn die keinen Hunger hätten, würden sie nicht betteln."

Eberhard fiel bei diesem Gespräch seine tägliche Begegnung mit polnischen Zwangsarbeiterinnen auf seinem Weg zum Bahnhof ein. Er fragte sich, wie mag es wohl denen in ihrem Sammelquartier in Gronau ergehen? Sie machten keinen ausgehungerten Eindruck, auch war ihm nie ein Wachhabender aufgefallen, der sie wie ein Gefangenenaufseher begleitete. Diese Arbeiterinnen schienen nicht bedrückt zu sein, nicht belustigt, aber sie schwatzten und lachten miteinander. Aber auch sie waren zwangsverschleppt und wären viel lieber in ihrer Heimat irgendwo in Polen oder Russland geblieben. Hier mussten sie nun in der Lederwarenfabrik Uniformen für die Feinde anfertigen.

Es zeigte sich, dass Heinrich und Liselotte, die immer nur in dem kleinen Städtchen blieben, weniger erfuhren von dem, was im Krieg alles passierte, als ihre Kinder, denn selbst Eberhard bekam durch die Bahnfahrerei mehr vom Krieg zu sehen und zu hören, der sich längst nicht mehr nur an den Fronten abspielte, sondern die Heimat in zunehmendem Maße direkt mit einbezog.

Tag der Kriegsfreiwilligen

Immer weiter rückten die Feinde Deutschlands vor und schnürten das Land von Osten und Westen immer enger ein. Umso stärker und verzweifelter versuchte die nationalsozialistische Führung, das Volk zum dringend notwendigen Verteidigungskampf zu motivieren. „Das lassen wir uns nicht gefallen, dass sie unser Land besetzen!" Die letzten in der Heimat lebenden

Männer versuchte die Propaganda zu tapferen Soldaten zu machen. Die alten, aber noch rüstigen Männer sollten einen „Volkssturm" bilden, die 16-jährigen Jungen sollten sich freiwillig zur Wehrmacht melden. Wer sich nicht freiwillig meldete, wurde erheblich bearbeitet, bis er weichgeklopft war. Zu diesem Zweck veranstaltete man in der Kreisstadt Alfeld im September einen „Tag der Kriegsfreiwilligen" mit öffentlicher Kundgebung und einem Marsch durch die Stadt.

Zur Belebung dieser Veranstaltung hauptsächlich für einen Kriegsfreiwilligen-Marsch durch die Stadt Alfeld wurde der Fanfarenzug des Fähnleins 3 Gronau angefordert. Ein Brief vom HJ-Bannführer mit dieser Anordnung erreichte Eberhard. Das war sehr ungewöhnlich, denn die Dienste der Gronauer Hitlerjugend wurden sonst immer in Gronau selbst festgesetzt. Eberhard gab den Befehl sofort an die Jungen des Fanfarenzuges weiter. Jedoch entschuldigte sich der eine und andere aus unterschiedlichen Gründen, so dass Eberhard schließlich jeden Einzelnen des Fanfarenzuges aufsuchte und versuchte, ihn zur Teilnahme zu gewinnen. Dabei stellte sich heraus, dass die Ausfälle noch größer waren, aus Krankheitsgründen oder sonstigen Notwendigkeiten in den Familien. Die Mithilfe und Arbeit der Jungen in den Familien war ja durchaus nötig und wichtig zur Versorgung der Familienmitglieder in diesen schwierigen Zeiten. Der „Tag der Kriegsfreiwilligen" war auf einen Sonntag gelegt, und die Gronauer müssten mit der Eisenbahn vom nahen Bahnhof Banteln aus nach Alfeld fahren.

Aber Eberhard bekam seinen Fanfarenzug für die Veranstaltung nicht zusammen. Es waren nicht die Pimpfe, die sich entschuldigten, sondern ihre Mütter, die die Söhne dringend brauchten. Hier kam die Einsatzbereitschaft für den Dienst in der Hitlerjugend an ihre Grenzen, weil die Freizeit der Kinder neben dem Schulbesuch für das Familienleben, in denen die Männer als Soldaten fehlten, gebraucht wurde. Eine Mutter klagte: „Ich muss die ganze Woche über in der Küche im Lazarett arbeiten und brauche den Sonntag für meine Wäsche. Otto muss mir dabei in der Waschküche helfen, den ganzen Tag, und eine Extra-Waschfrau kann ich mir nicht leisten." Eine andere: „Hans muss unbedingt mit seinem Opa in den Wald und Brennholz holen. Opa ist sonst immer im Geschäft. Nur am Sonntag hat er Zeit." In einem weiteren Aufmarsch in Alfeld sahen sie keinen Sinn. „Jetzt sollen die Kinder schon Soldaten werden. Die bringen uns auch nicht den Endsieg. Sollen doch die Alfelder selber durch die Straßen laufen." Die massive Propaganda der Nationalsozialisten prallte an den konkreten Bedürfnissen der Menschen ab. Deshalb blieb Eberhard nichts anderes übrig, als dem Bannführer in Alfeld den Ausfall des Gronauer Fanfarenzuges zu melden.

Volkssturm

Um alle möglichen gesunden Männer für die Verteidigung Deutschlands zu mobilisieren, wurden in diesem Herbst sowohl die jüngeren als auch die älteren Jahrgänge der waffenfähigen Männer herangezogen. „Volkssturm" nannte man die älteren Herren, die bisher als Zivilpersonen ihre Arbeitskraft in der Heimat zur Verfügung stellten, was auch bitter nötig war. Nun aber sollte der militärische Einsatz noch wichtiger werden. Das stieß bei den betroffenen Männern nicht auf Begeisterung, sondern sogar auf Ablehnung. Selbst wenn sie vaterlandstreue Einstellungen hatten, waren ihre Zweifel begründet und auch weit verbreitet. In den Rathäusern setzte man Kommissionen ein, die vor Ort die Einberufung, die Ausrüstung und den Einsatz des Volkssturmes organisierten.

Auch Heinrich erhielt einen Einberufungsbefehl in den „Volkssturm" mit entsprechenden propagandistischen Begründungen und Parolen. Es ging um die Rekrutierung aller gesunden und mobilen Rentner für die Verteidigung der Heimat gegen die anstürmenden Feinde. Den Volkssturm gab es schon seit einigen Wochen in Gronau, so dass Heinrich Sievers sich von dieser Heimatverteidigungstruppe alter Männer verschont glaubte, weil er eine unbedingt notwendige Position im Elektrizitätswerk innehatte. Doch wurde er nun von diesem Einberufungsbefehl unangenehm überrascht und ärgerte sich darüber.

Dieser Volkssturm war ein Trauerspiel, ein ganz anschauliches Beispiel für den hohlen und hilflos wirkenden Aufruf zur letzten Mobilisierung der Heimatfront, zum Zusammenkratzen der letzten Männer als Gegengewicht zu der übermächtigen Heereskraft der alliierten Truppen. Wenn die alten Männer des Volkssturmes antraten, ohne Uniformen, in Zivilkleidung und mit unlustigen Gesichtern, so war ihr Anblick geradezu jämmerlich, auch wenn sie sich Mühe gaben, einigermaßen militärisch geordnet zu wirken. Dass viele dieser Männer überhaupt nichts von dem Aufstellen des Volkssturmes und seinen minimalen Möglichkeiten zur Verteidigung hielten, durften sie natürlich nicht zeigen. Sie wären viel lieber zuhause geblieben bei Frau und Kind und hätten „den Kopf eingezogen", um sich ganz friedlich zu verstecken und von der Kriegsfront überrollen zu lassen.

Nur notdürftig wurden die Volkssturmmänner mit Waffen ausgerüstet, mit Karabinern und Panzerfäusten. Da viel zu wenig Waffen für die militärische Ausstattung der Männer zur Verfügung standen, fragte man sich natürlich, womit der Volkssturm denn die Heimat verteidigen soll? Da kam man auf die Idee, sie zum Ausheben von Panzerschutzgräben zu beschäftigen. So marschierte denn der mühsam zusammengewürfelte Volkssturm unter Anführung von unverbesserlich schneidig sein wollenden politischen Nazis, denn Offiziere im militärischen Rang standen dafür nicht zur Verfügung, aus dem Städtchen hinaus Richtung Westen und fing an, neben der Landstraße in den Äckern Gräben auszuheben. Die Landwirte, denen die Felder gehörten, wurden gar nicht erst gefragt. Das wurde eben angeordnet, so war man es gewohnt. Es hätte sich sowieso keiner dagegen wehren können.

Der Kampf zur Verteidigung der Heimat bestand also für den Volkssturm zum größten Teil aus Graben und Schaufeln. Dass solche mit der Hand ausgegrabenen Erdlöcher ein wirksames Hindernis für die riesigen Panzerungetüme des feindlichen Heeres sein sollten, glaubte keiner. Entsprechend waren die Arbeitsmoral und die Kampfbereitschaft der alten Männer bei dieser Arbeit auf dem Tiefpunkt. Sie waren der Überzeugung, da gibt es nichts zu verteidigen. Es gab nur abwarten und bangen – und die Hoffnung zu überleben. Deshalb waren die alten Männer viel wichtiger als Arbeitskräfte in den Familien zur Vorsorge zum Überleben, also zum Einbringen der Ernte und zur Vorratshaltung für die zukünftigen schweren Zeiten. Wer die Lage vernünftig und realistisch einschätzen konnte, musste sogar ganz im Gegenteil zur Volkssturm-Idee alle Anzeichen militärischer Art in der Stadt Gronau vermeiden, damit die bisher völlig unbewaffnete Stadt dadurch nicht zum Angriffsziel für die feindlichen Flugzeuge wurde mit ihren Bomben und für die feindliche Artillerie mit ihren Granaten.

Gegen solche Einstellungen setzten die amtlichen Volkssturmführer ihre Reden zur Aktivierung des Hasses gegen die Feinde. „Unser starker verbissener Wille, unsere geliebte Heimat nicht kampflos in die Hände des Feindes zu geben, dieser Wille unterscheidet uns gerade von den Söldnern auf der anderen Seite, die zwar jünger sind und viel mehr Waffengewalt nutzen können, die aber nicht mit solchem entschlossenen Widerstand auch ohne viele Waffen rechnen. Wenn wir alle Deutschen aufstehen wie ein Mann, um unser liebes Vaterland nicht in die Hände des Feindes zu geben, werden wir die Feinde besiegen!"

Die alten Männer, die zum Volkssturm befohlen waren, ließen solche Reden über sich ergehen und schaufelten widerwillig an ihren Gräben. Man versuchte, sie von dem Nutzen dieser Panzerschutzgräben zu überzeugen. Die deutsche Wehrmacht, sagte man, kann aus diesen Gräben Panzerfäuste gegen die feindlichen Panzer abschießen. Die Wehrmacht hat solche Waffen. Tatsächlich waren Panzerfäuste eine Erfindung während des Zweiten Weltkrieges. Es waren kleine Rückstoß-Raketen mit Geschossen, die von einem Mann mit der Hand bedient werden konnten und die am Ziel mit erheblicher Durchschlagskraft explodierten und damit die Panzer kampfunfähig machten. Der Schütze legte die etwa ein Meter lange Panzerfaust auf die Schulter, und nach dem Zünden schoss die Flamme nach hinten heraus, während das Geschoss direkt auf den feindlichen Panzer zu flog.

Nun wurde auch Heinrich zum Volkssturm befohlen. Morgens um 8 Uhr sollte er sich auf dem Sportplatz einfinden in Arbeitskleidung und mit Schaufel oder Spaten. Heinrich folgte diesem Befehl unwillig und mit der festen Absicht, sich dem Volkssturm nicht anzuschließen, weil er im Elektrizitätswerk unabkömmlich war. Als er mit dem Fahrrad am Sportplatz ankam, war die Volkssturmkompanie schon angetreten in Jacken und Mänteln, denn es war schon kalt, und mit Schaufeln und Spaten über den Schultern. Heinrich war aber nicht der einzige, der nicht mitmachen wollte. Es hatten sich einige Männer eingefunden, die dem Anführer erklärten, sie seien krank oder gebrechlich. Diesen Leuten wurde befohlen, sie sollten sich nachher im Rathaus mit ihrem Anliegen melden. Heinrich machte geltend, dass er ja den ganzen Tag über im Elektrizitätswerk gebraucht würde. „Dann morgen um 19 Uhr im Rathaus." Heinrich setzte sich wieder auf sein Rad und fuhr zurück zum Werk, der Volkssturm marschierte in Reih und Glied und im Gleichschritt zur Landstraße und an die Arbeit.

„Na, Hein, da wirst du wohl nicht drum herumkommen", meinte skeptisch Liselotte. Aber Heinrich war fest entschlossen, auf seinem so wichtigen Posten im Überlandwerk Leinetal auf jeden Fall zu bleiben und hoffte auch, dass das die Leute, die den Volkssturm aufstellten, überzeugte. Also fuhr er richtig am nächsten

Abend zum Rathaus und meldete sich da im Volkssturmbüro. Er musste noch eine Weile auf dem Flur warten, denn er war nicht der einzige, der diesen neuen zusätzlichen Dienst verweigern wollte. Das lange Warten machte Heinrich unruhig, denn zuhause war jede Minute seiner freien Zeit eingeplant. Immerhin nutzte er das Warten, um sich innerlich still darauf vorzubereiten, was er zu seiner Rechtfertigung vorbringen sollte.

Als Heinrich aufgerufen wurde, sah er sich drei Parteifunktionären in Uniform gegenüber. „Heil Hitler!" – „Heil Hitler! Setzen Sie sich!" Der eine war der Ortsgruppenleiter Schmidt, den er kannte, die anderen beiden waren Fremde. Sicherlich alle drei Mitglieder der Volkssturmkommission in der festen Absicht, gegen die Drückeberger vor dem Volkssturm scharf anzugehen.

Der Ortsgruppenleiter stellte Heinrich als Leiter des Elektrizitätswerkes vor und erwähnte, dass der Parteigenosse Sievers kürzlich seinen Sohn verloren hätte, der als Flugzeugführer abgestürzt und als Unteroffizier gefallen war. Dann holte der eine Fremde zu einer längeren Rede aus, wie wichtig der Volkssturm sei und dass alle noch so bedeutenden uk-gemeldeten Männer gegen den Feind mobilisiert werden müssten (uk – unabkömmlich, das heißt, beruflich in so wichtiger Funktion, dass er von der Wehrpflicht befreit ist). Wer seinen beruflichen Posten nicht ganz aufgeben könne, solle überlegen, ob er nicht Beruf und Volkssturm in zeitlicher Aufteilung verbinden könne. Man brauche jeden Mann für die Verteidigung der Heimat.

Heinrich sah sich getäuscht in der Erwartung, sein Fall würde kurz und knapp zu seinen Gunsten entschieden werden. Immerhin war er erleichtert, dass wenigstens einer in der Volkssturmkommission saß, der ihn kannte, der Ortsgruppenleiter. Ein weiterer in der Kommission war der Kreisleiter der NSDAP. Der hatte sich offensichtlich vorher ausführlich mit der Akte von Heinrich Sievers beschäftigt und sagte, Heinrich wäre doch im Ersten Weltkrieg Frontsoldat als Unteroffizier gewesen. Nun brauche man ihn als Unteroffizier, um einen Zug in der Gronauer Volkssturmkompanie zu befehligen, wo er dann seine Weltkriegserfahrungen einbringen könne.

Heinrich Sievers stützte sich in der Rechtfertigung seiner Haltung auf die kriegsentscheidende Bedeutung der Versorgung des Landkreises Alfeld mit elektrischer Energie, ohne die Aufstellung des Volkssturmes in seiner Bedeutung in Frage zu stellen. So sei zum Beispiel vor einiger Zeit bei einem Unwetter ein Baum auf die Freileitung gefallen, die in das Lazarett ging. Sie hätten alle Kräfte im Elektrizitätswerk mobilisieren müssen, um den schweren Schaden schnell zu reparieren, damit im Lazarett wieder operiert werden konnte. Es gäbe im Landkreis Alfeld viele kriegswichtige Betriebe, die auf den Strom angewiesen sind. Als Beispiel nannte er die still gelegte Kali-Schachtanlage in Godenau, etwa 8 km südlich von Gronau. Diesen Schacht hatte man, was natürlich nicht öffentlich bekannt war, zu einem mächtigen Munitionslager genutzt. Nun wird täglich ohne Unterbrechung mit einem Fahrstuhl Munition für die Wehrmacht aus den unterirdischen Stollen gefördert, die diese unbedingt zur Verteidigung braucht. Es wäre nicht auszudenken, was passieren könnte, wenn der Strom da ausfiele und der Fahrstuhl nicht mehr fahren könnte. Zumal die sowieso schon geringe Zahl seiner Werksangehörigen durch den Volkssturm noch weiter reduziert worden war.

Der Kreisleiter forderte Heinrich auf, draußen auf dem Flur den Bescheid der Kommission abzuwarten. Das dauerte nun gar nicht sehr lange. Die Kommission habe entschieden, den Einberufungsbefehl für den Volkssturm in seinem besonderen Fall zurückzunehmen. Heinrich bedankte sich und fuhr gleich nach Hause zurück. Die Kommission für die Aufstellung des Volkssturmes war eine reine Parteisache gewesen, aber der Bericht von Heinrich Sievers bezog sich direkt auf den Nachschub für die Wehrmacht. Mit der Wehrmacht wollten und konnten sich die Parteifunktionäre aber auf keinen Fall anlegen. Heinrich war froh, dass er gerade dieses treffliche Beispiel seiner beruflichen Verantwortung gewählt hatte. Es hatte seine Wirkung nicht verfehlt.

Zuhause erzählte Heinrich freudestrahlend über seine Freistellung vom Volkssturm, da fiel ihm Liselotte erleichtert um den Hals – ungeachtet dessen, dass der Junge daneben stand und solche Zärtlichkeiten der Eltern gar nicht gewohnt war – und küsste ihren Hein. Nichts war nun leichter in ihrer Lebenssituation geworden, aber etwas viel Schwereres noch zusätzlich dazu war Gott sei Dank abgewendet worden.

Evakuierung Aachens

Die feindlichen Truppen eroberten in dieser Zeit immer mehr von Europa. Im Osten erreichte die sowjetische Armee die Grenze zu Deutschland in Ostpreußen. Im Westen näherten sich amerikanischen Soldaten von Belgien her der Stadt Aachen. Eines Nachmittags Anfang Oktober wurde der Ortsgruppenleiter in Gronau angerufen mit der Nachricht, dass man, um Aachen wirkungsvoll verteidigen zu können, die Zivilbevölkerung der Stadt evakuiere. Heute Abend werde ein Zug mit Personen aus Aachen in Gronau eintreffen, die alle in Privatquartieren untergebracht werden müssten. Wieviele das sind, könne man nicht genau sagen, es wäre ein ganzer Personenzug voll. – Solche Meldungen wurden dem Ortsgruppenleiter stets als Befehl gegeben, konnten keineswegs abgelehnt oder diskutiert werden. „Jawoll!", erwiderte der Ortsgruppenleiter und legte auf. Der Schreck ging ihm in die Glieder und versetzte ihn zugleich in höchste Alarmbereitschaft und tiefste Ratlosigkeit. Hunderte von Menschen in einigen Stunden in Privatquartieren unterzubringen, worauf weder die Familien noch die Stadtverwaltung vorbereitet oder organisatorisch eingerichtet waren?

Und wie sollte man ganze Stadt von dieser plötzlichen Maßnahme schnell in Kenntnis setzen? Da fiel Schmidt der Fanfarenzug des Jungvolks ein. Er setzte sich aufs Fahrrad und fuhr schnell zu Eberhard Sievers, dem Jungvolkführer. Der gab den Einsatzbefehl sofort mit dem Fahrrad mündlich an die Jungen aus dem Fanfarenzug weiter: immer je zwei rannten mit ihren Instrumenten straßenweise durch die Stadt, blieben an allen Ecken stehen und ließen lautstark ein Signal ertönen. Die Leute rissen die Fenster auf und fragten, was los ist. „Es kommt ein Personenzug voll mit Bewohnern aus Aachen. Die müssen alle in Privatquartieren untergebracht werden. Aus jeder Wohnung soll sich einer um 19 Uhr auf dem Bahnhof einfinden und welche als Gäste nach Hause bringen!"

Keiner in Gronau wusste mehr darüber zu erklären, keine der hundert weiteren Fragen konnte beantwortet werden. Alle waren verwirrt und schockiert, aber andererseits nach dem ersten Schreck auch beruhigt, dass es sich nicht um eine weitere todgefährliche Aktion handelte, sondern „nur" um die Unterbringung von an der Front evakuierten Menschen. Der Ortsgruppenleiter organisierte kurzfristig und notdürftig einige Frauen der NS-Volkswohlfahrt, die am Bahnhof die Verteilung der Aachener auf die Gronauer vornehmen sollten. Die Frauen der NS-Volkswohlfahrt waren ja für alle möglichen sozialen Probleme in der Bevölkerung da und jederzeit einsatzbereit, um zu helfen, soweit das in den durch den „totalen Krieg" eingeschränkten Bedingungen getan werden konnte.

Familie Sievers schickte Eberhard zum Bahnhof. Als der Zug eintraf, stiegen Hunderte von Frauen, alten Männern und Kindern aus, vollgepackt mit Gepäck und Taschen. Vor den Tischen, an denen die Gronauerinnen von der NS-Volkswohlfahrt saßen und Listen führten, bildeten sich zwei lange Schlangen, einerseits die Aachener mit Koffern und Kinderwagen, andererseits die Gronauer, wenn sie denn gekommen waren. Wenn einer Familie bestimmte Gäste zugeteilt worden waren, zogen Gastgeber

und Gäste los und schleppten die Koffer. Als Eberhard an die
Reihe kam, sollte er eine Familie mit einem Opa, einer Mutter
und zwei kleinen Kindern mit nach Hause bringen. Doch Eberhard wusste, dass nur eine einzige Schlafkammer für Gäste
möglich war. Da konnte man keine vierköpfige Familie unter-
bringen. Auf seinen Protest hin wies man ihm schließlich zwei
ältere Damen zu, zwei Schwestern, für die die kleine Schlafkammer wohl ausreichte.

Der Ortsgruppenleiter konnte diese ganze völlig überraschende Aktion einigermaßen organisieren, ohne dass sie zum Chaos ausartete. Sein Einfall, die Bevölkerung nicht mit einer Luft-
schutzsirene zusammenzutrommeln, was sie böse aufgescheucht
hätte, sondern dafür die harmlosen Jungen mit ihren Fanfaren-
Signalen durch die Straßen zu schicken, erwies sich als umsich-
tig und richtig. Er kam nicht auf die Idee, sich dafür bei Eberhard Sievers, dem Führer der Jungen, zu bedanken, der sofort
in der Stadt herumgefahren war, um seine Leute aufzusuchen,
für den Auftrag in Gang zu bringen und sie straßenweise ein-
zuteilen. Ein Befehl ist gehorsam auszuführen und verdient nie
ein Extra-Dankeschön. Wie man aber mit dem umgeht, der einmal einen Befehl nicht ausführt, sollte Eberhard später am eigenen Leibe erfahren.

Es stellte sich am Ende der Aktion heraus, dass tatsächlich alle
Aachener aus dem Personenzug in Gronauer Familien untergebracht werden konnten. Einige Einheimische kehrten sogar wieder am späteren Abend ohne Gäste aus Aachen nach Hause zurück, weil der Zug geleert war. Nicht auszudenken, was zu tun
gewesen wäre, wenn umgekehrt mehr gastgebende Familien gefehlt hätten und Reisende auf dem Bahnhof hätten übernachten müssen. Aber der Ortsgruppenleiter Schmidt zog aus dieser Erfahrung die Konsequenz, er brauchte eine Liste mit allen
Wohnungen, Personen und Räumen in der Stadt, um für ähnli-
che Vorkommnisse gewappnet zu sein und verwaltungsmäßi-
ge Vorarbeiten leisten zu können. Deswegen schickte er nach

einigen Tagen die Frauen der NS-Volkswohlfahrt herum, die von Haus zu Haus gingen und die räumlichen und personellen Quartiere genau erfragten und notierten.

Liselotte zeigte den beiden Aachenrinnen, die den ganzen Tag unterwegs gewesen waren, ihr Zimmer und versorgte sie mit Abendbrot. Dafür räumte Eberhard seine Schlafkammer, die für ihn und Detlef eingerichtet war, und quartierte sich zum Schlafen auf dem Sofa in der Wohnstube ein. Die Familie hielt sich gewöhnlich nicht in der Wohnstube, sondern in dem der Küche benachbarten Esszimmer auf, das auch im Winter der einzige geheizte Wohnraum war. Die Damen waren freundlich, rücksichtsvoll und still und waren bescheiden und dankbar für das Zimmer in der gastgebenden Familie Sievers. „Wir wollten gar nicht aus Aachen weg gehen, waren aber gezwungen worden, unsere Wohnung zu räumen", klagten die Frauen. Liselotte fragte: „Aber was soll denn aus Ihnen werden, wenn die Amerikaner Aachen erobern?" Darauf erwiderten sie: „Wir gehen einfach in den Luftschutzkeller, wohin wir sowieso bei jedem Fliegeralarm hinabsteigen. Da haben wir schon Kleidungsstücke und Lebensmittel, auch Wasser, bereitgestellt, um es dort auch längere Zeit auszuhalten." So wollten sie die Kriegsfront über sich herüberrollen lassen. Sie sagten, sie hätten ja keinem etwas getan und hätten auch keine Angst. „Wir denken, die Amerikaner sind auch keine Unmenschen, die werden einfachen Zivilpersonen kein Leid zufügen."

Solchen Berichten und Erzählungen hörte die Familie Sievers mit großen Ohren zu. Sie fühlten sich noch immer wie in der Heimat, die Front war weit weg. Obwohl sie bei realer Betrachtung ihrer Situation im Stillen auf das Problem stießen, wie es eigentlich werden würde, wenn auch sie hier in Gronau die Front überrollen würde. Sie konnten sich das gar nicht richtig vorstellen. Ob sie das wohl überhaupt überleben würden? Liselotte, in der von Familie Sievers am meisten christlicher Glaube verankert war, vertraute diese Sorge ihrem stillen Gebet an.

Mit den neuen Mitbewohnern musste man sich nun für längere
Zeit zusammen einrichten. Lisa war der Familie als Pflichtjahr-
mädchen für ein halbes Jahr zugeteilt worden. Als sie nun nach
einer für beide Seiten erfolgreichen und glücklichen Zusammen-
arbeit wieder zu ihrer Mutter nach Braunschweig zurück musste, zog Eberhard in das bisher von Lisa bewohnte Schlafzimmer
ein. Den beiden Frauen wurde die Küche immer am frühen Mittag zur Verfügung gestellt, danach bereitete Liselotte das Essen für Familie Sievers vor. Auch die Badbenutzung wurde zeit-
lich geordnet. Das alles klappte ziemlich reibungslos, was bei
anderen Gronauer Familien viel schwieriger war. Mit den beiden Aachenerinnen war auch in dem Einfamilienhaus der rhei-
nische Dialekt eingezogen. Liselotte unterhielt sich einmal mit
einer Aachenerin im Treppenhaus, die meinte: „Isch bin dat
Frühschtück grad am maache." Das wurde bei Familie Sievers
später zum geflügelten Wort. So eine Mundart hat man sonst
in diesem durch und durch norddeutschen Haus nicht gehört.

Erntezeit im Krieg

Als der Sommer seinen Höhepunkt überschritten hatte und
der Herbst nahte, fragte die Mutter ihren Sohn eines Tages:
„Ich wollte so gerne morgen einmal Hefeklöße machen. Dazu
schmeckt am besten Birnenkompott. Kannst du uns wohl mal
Birnen besorgen?" Eberhard wusste genauso wie seine Mutter,
dass man Birnen weder kaufen konnte noch im Garten hatte.
Aber beide wussten ebenfalls, ganz in der Nähe gab es eine große
Streuobstwiese an der Leine mit mehreren großen Birnenbäu-
men, die die Gronauer Burggarten nannten. Um hineinzugelan-
gen, musste man über einen Bach springen, da das Zufahrtstor
auf einer kleinen Brücke drei Meter hoch und immer geschlos-
sen war. So nahm Eberhard einen Rucksack und machte sich
auf den Weg. Er kannte eine Stelle, wo man über den Graben

springen konnte, ohne nasse Füße zu kriegen. Dort sprang er mit Anlauf über den Bach und fand bald einen Baum mit reifen Birnen, deren Fallobst er aufsammelte. Die herabgefallenen Birnen verfaulten im Gras oder wurden von Wespen aufgefressen. Es lagen da so viele Früchte, dass er die besten aussuchen und in seinen Rucksack packen konnte. Die Mutter war begeistert und bedankte sich, und alle ließen sich das Kompott aus Fallobst gut schmecken.

Es war die Zeit der Ernte in den Gärten und genug, um alle mit Obst und Gemüse zu ernähren. Familie Sievers hatte Gott sei Dank einen großen Garten hinter dem Einfamilienhaus. Die Bewohner einer Stadtwohnung bearbeiteten draußen vor der Stadt einen Schrebergarten. Kaufen konnte man in Gronau weder Obst noch Gemüse, höchstens Kartoffeln bei einem Bauern und Äpfel zum Selbstpflücken an den Landstraßen und Feldwegen. Erntezeit war nicht nur die Gelegenheit zum Sattessen, sondern auch die Einkoch- und Konservierungszeit, um für den Winter vorzusorgen. Kohl wurde zu Sauerkraut in große Steintöpfe gestampft, Bohnen in Gläsern eingekocht, Erbsen in Dosen, Kartoffeln im Keller auf Stroh gelagert. Möhren, Schwarzwurzeln und Steckrüben konnte man in einem Erdloch im Garten für den Winter lagern. Doch bekamen sie unten einen feinen Maschendraht gegen die gefräßigen Wühlmäuse und oben eine dicke Erdschicht gegen den Frost.

Kühlschränke und Gefriertruhen gab es nicht. Liselotte wusste, dass ihre Hühner im Winter leider weniger oder keine Eier legten. Darum sammelte sie im Herbst Eier, kochte sie und legte sie als „Soleier" in eine Salzlake in große Steintöpfe als Vorrat für den Winter. Äpfel und Birnen wurden geschält, geringelt und zum Trocknen aufgehängt, Zwetschken und Pflaumen getrocknet zu Dörrobst. Erdbeeren, Kirschen und Himbeeren entweder in Gläsern eingekocht oder zu Marmelade verarbeitet und in Gläser gefüllt. Gummiringe für Weckgläser waren darum kostbare Wertstoffe. Für den Verschluss von Gemüsedosen gab es in der Nachbarschaft einen Rentner, der mit einer Maschine den Rand einer Dose abschnitt und zum Verschluss einen neuen Deckel herumbörtelte. Das alles machte sehr viel Arbeit und beschäftigte Alt und Jung tage- und wochenlang.

Eberhard passte in der Erntezeit genau auf, wenn die Bauern das Korn mähten. Das Haus von Familie Sievers stand am Rande des Städtchens an einer Straße, die direkt in die Feldmark führte. Kornfelder, Kartoffelfelder und Zuckerrübenfelder lagen vor ihrer Haustür. Die Erntezeit der Landwirtschaft war deshalb für die Familie wichtig, weil die Bauern mit Mähbindern arbeiteten, die die abgemähten Halme gleich in Garben banden. Dann kamen Frauen, die die Garben zu Stiegen aufstellten, damit das Korn trocknen konnte, ehe es in die Scheunen gefahren und ausgedroschen wurde. Eberhard ging auf die Felder zwischen die Stiegen und las Ähren auf, abgefallene Ähren von Roggen, Weizen, Hafer und Gerste. Ährenlesen war sehr mühsam. Man musste sich oft bücken und brauchte lange Zeit, bis der Beutel, den man um die Schulter trug, voll war. Doch das Ährenlesen lohnte sich. Zu Hause wurde der Beutel auf dem Tisch durch kräftiges Klopfen ausgedroschen, dann hatte man ein vorzügliches Hühnerfutter. Weizenkörner drehte Eberhard gern durch die Kaffeemühle, die gesiebt Vollkornmehl ergaben. Es war wichtig, auf gemähten Kornfeldern möglichst der erste Ährenleser zu sein, der dann natürlich am leichtesten fündig wurde. Auf Kartoffelfelder zum Stoppeln zu gehen, lohnte sich nicht, denn die Kartoffeln wurden ausgepflügt und zur Seite geschleudert und von Frauen recht gründlich in Körben und Säcken eingesammelt.

Wurden die Äpfel reif auf den Bäumen, die die Straßen und Wege rings um Gronau säumten, so machte sich der Junge daran, Fallobst aus dem Gras unter den Apfelbäumen zu sammeln. Er zog mit einem Korb und zwei leeren Säcken los. Alles nach der Schule am späten Nachmittag, versteht sich. Die Schularbeiten mussten immer auf den Abend verschoben werden. Die

Säcke trug er zum leichteren Tragen über die weiten Wege vorn und hinten über der Schulter. Dieser Weg lohnte sich allemal. Er kehrte immer mit vollen Säcken heim. Wenn er weit draußen wenig Fallobst fand (es war schon jemand vor ihm da gewesen) und weit und breit keinen Menschen sah, kam es auch vor, dass der Junge auf einen Apfelbaum kletterte und kräftig schüttelte. Aus dem Fallobst wurde Apfelmus, das in Gläsern eingekocht wurde, oder Apfelsaft gepresst und in Flaschen gefüllt. Äpfel, die auf Bäumen selbstpflückend gekauft wurden, wurden im Keller gelagert zum Verbrauch im Winter.

Im Herbst kam auch die Zeit, dass die Futterrüben für das gemästete Schwein gerodet werden mussten. Tagelang mühten sich Vater und Sohn ab, die Futterrüben auszugraben, die Blätter abzustechen und zu kompostieren und für die Rüben eine Kuhle in der Erde im Garten anzulegen, um damit im nächsten Frühjahr das nächste Schwein zu füttern.

Bruder Hans in Gronau

Im Oktober kam Heinrichs älterer Bruder Hans zu Besuch nach Gronau. Besuche waren sehr selten, darum war die Freude umso größer. Er wohnte in Lippstadt, einer Kreisstadt in Westfalen, und wunderte sich über das bürgerliche Leben in so einer Kleinstadt, mit großem Garten und Kornfeldern vorm Haus. Der Hausfrau schenkte er eine Reihe von Lebensmittelmarken, weil er bei seinem Bruder ja zu Gast war. Hans liebte lange Spaziergänge, und weil Heinrich und Liselotte arbeiten mussten, außer am Sonntag, ging Eberhard mehrmals mit seinem Onkel Hans durch die Stadt und durch die Wiesen und Felder. Hans erzählte auch gerne und wusste vom Kriegsgeschehen viel mehr als Liselotte und Heinrich. Eines Abends, als alle noch gemütlich in der Stube beisammensaßen, kam man im Gespräch auf die poli-

tische Lage im „Dritten Reich“ zu sprechen. „Das rumort überall“, sagte Hans, „es gibt sehr viel Unzufriedenheit im Volk.“ Von
Hans erfuhren die Kleinstädter Tatsachen, die sonst nur streng
geheim weitererzählt wurden.

Hans wusste zu erzählen: „In München gab es in der Univer-
sität einen offenen Aufstand gegen Hitler, der mit der Widerstandsgruppe und dem Attentat vom Juli nichts zu tun hat.“
In Anspielung auf das propagandistische Wort von München
als „Stadt der (nationalsozialistischen) Bewegung“ sagte Hans:
„Jetzt nennt man heimlich München die Stadt der Gegenbewe-
gung. Wer aber etwas gegen die Regierung sagt oder die Kriegsführung kritisiert oder öffentlich den Endsieg anzweifelt, der
wird sofort verhaftet und eingesperrt.“ Als Heinrich erwähnte, was er von Detlef über die zwangsverschleppten Russinnen
wusste, bestätigte Hans solche Vorkommnisse. „Die Leute werden
in riesigen Lagern eingesperrt, in Konzentrationslagern (KZ),
die es überall in Deutschland und Europa gibt.“ Hans meinte,
die Kriegslage für Deutschland wäre aussichtslos. „Man weiß
ja, wie die Feinde von allen Seiten auf Deutschland eindringen
und unbehelligt mit riesigen Bomberverbänden über uns hin-
wegfliegen und unsere schönen Städte kaputt schmeißen. Da
kann man doch nicht vom Endsieg reden. Wer soll denn da noch
an einen Endsieg glauben? Sondern man muss mit dem Ende
rechnen und dass wir den Krieg verlieren.“

„Und was sollen wir machen, damit wir das überleben, wenn
hier die Front ist und geschossen wird?“ – „Gar nichts“, erwiderte Hans, „ihr müsst den Kopf einziehen und euch überrollen
lassen.“ – Es war das erste Mal, dass die beiden Eheleute aus-
sprachen, was sie schon längst oft gedacht hatten, ihre Angst,
was auf sie zukommt und wie das Leben dann wohl weiterge-
hen würde. „Und wie geht es dann hinter der Front mit uns weiter?“, fragten sie Hans. „Das weiß ich auch nicht“, sagte Hans
und zuckte mit den Schultern, „da kann man nur beten.“ Diese Auskunft ließ Familie Sievers in Gronau nach der Rückreise

von Bruder Hans ebenso unschlüssig zurück. Man durfte mit niemandem darüber reden, das machte alles umso schlimmer.

Vorbereitung auf das Ende

Mit dem Besuch von Bruder Hans veränderte sich das Leben der Familie Sievers in Gronau deutlich, ja entscheidend. Seine Berichte von bisher unbekannten Tatsachen und Ereignissen, die den Krieg und den alles bestimmenden Nationalsozialismus betrafen, und die Rückfragen und Gespräche darüber betrafen Liselotte, Heinrich und Eberhard nicht so beiläufig wie interessante Neuigkeiten, sondern trafen sie wie scharfe Pfeilspitzen tief ins Herz. Das Neue änderte nicht so sehr die allgemeinen äußeren Lebensbedingungen der Familie, wohl aber die Auffassung über das Leben, wie sinnvoll dieses Leben im Krieg, in der Heimat war, woran man sich denn nun in der Erhaltung und Deutung des Lebens klammern sollte, wenn nicht wie bisher in der allgemein üblichen nationalsozialistischen Ideologie. Die war in unerwarteter Plötzlichkeit und Schärfe in Frage gestellt worden.

Bruder Hans Sievers hatte durch seine unerschrockene Offenheit der Familie Sievers in Gronau den Mund geöffnet. Auf einmal gab es Gesprächsstoff zwischen den dreien, denn die Dringlichkeit der bedrohlich näher kommenden existentiellen und gefährlichen Situation mit dem Ende des Krieges griff in das gesamte Familienleben ein. In dieses Problem wurde der 14-jährige Sohn voll mit einbezogen. Die Gespräche drehten sich gar nicht so sehr um die Angst, mit dem Näherkommen der alliierten Truppen in den gefährlichen, ja tödlichen Strudel der Frontlinie gezogen zu werden. Es ging mehr um das nackte Überleben. Da lag die kleine, ein halbes Jahr alte Christiane in ihrem Bettchen wie eine ständige Mahnung, an die Zukunft mit Verantwortung und Hoffnung zu denken, nicht nur mit Verzweiflung: Das nackte Überleben war zu sichern.

Derjenige, der in solchen Gesprächen am ehesten vorpreschte mit Ideen und Vorschlägen, war Eberhard, der Sohn. Natürlich fehlte ihm die Lebenserfahrung der Eltern, aber seine Unbefangenheit und Freiheit für kreatives Denken brachte die Vorbereitung auf das Ungewisse voran. Die Eltern konnten eben nicht auf bekannte Strukturen zurückgreifen, auf traditionelle Erfahrungen und eingeschliffene übliche Verhaltensweisen. Der Vater Heinrich blieb bei solchen neu eingebrachten Überlegungen lieber still und wartete erst einmal ab, wie sich Eberhards Vorschläge im Gespräch entwickelten. Liselotte brachte stets am meisten Bedenken ins Gespräch, äußerte ängstliche Fragen, dachte an das Baby, auch an den fernen Detlef. Bis aus einer Idee eine neue Linie, eine Gewissheit wurde – oder bis sie doch wieder verworfen oder zunächst zurückgestellt wurde.

Was öffentlich gesagt wurde, in Zeitungen und im Radio und bei örtlichen Verlautbarungen, war überhaupt nicht hilfreich, um die zukünftige gefährliche Lebenssituation zu verstehen und zu meistern. Zeitungen und Radio mahnten, man sollte sich nicht auf das realistische Zukunftsbild einstellen, sondern sollte dagegen angehen, dass es nicht eintraf, tapfer das Vaterland verteidigen und so tun, als dürfe es keine Alternative zum Endsieg geben. Alles parteipolitische propagandistische Getöse wurde so zur hohlen Phrase, die umso unglaubwürdiger wurde, je intensiver und kräftiger sie eingetrommelt wurde. Sich verantwortungsvoll auf das einzustellen, was kommen muss und kommen wird, überließ die Propagandamaschine der Hilflosigkeit und Ratlosigkeit der Bevölkerung.

Den Schwenk zu einer wirklichkeitsnahen und kritischen Einschätzung der Situation hatten die drei Familienmitglieder durch Bruder Hans vollzogen. Je mehr sich plausibel abzeichnete, was in den nächsten Wochen oder Monaten auf sie zukommt, desto leichter ließen Heinrich und Liselotte ihre vertraute nationalsozialistische Mitläufer-Ideologie fallen, ohne ihr nachzutrauern oder sie krampfhaft zu verteidigen. Diesen bisherigen Halt an der üblichen öffentlichen Meinung loszulassen, besorgte jeder in sich selbst, wurde jedenfalls in der Familie nicht offen diskutiert.

„Was sollen wir denn machen, wenn die Amis kommen?" – „Gar nichts", zitierte Eberhard Onkel Hans, „den Kopf einziehen und sich überrollen lassen. Oder, wie die alten Schwestern aus Aachen sagten, in den Luftschutzkeller gehen und abwarten." – Reichte solche einfache Auskunft für das Überleben aus? Auch für ein ein halbes Jahr altes süßes kleines Mädchen? Mit welchem Waffeneinsatz werden die „tapferen deutschen Soldaten ihr Vaterland" konkret in Gronau verteidigen? Wie lange sollte man inmitten von Kampfhandlungen im Luftschutzkeller ausharren? Stunden, Tage, Wochen? Waren die Amis wirklich keine Unmenschen?

Der sorgenvolle Blick in die ungewisse Zukunft bestimmte von da an alle Überlegungen zum Familienleben. Heinrich brachte einmal das Gespräch auf sein Überlandwerk Leinetal. Was soll denn aus der Versorgung des Landkreises mit elektrischem Strom werden, wenn sie hier „überrollt" werden? Das Gronauer Elektrizitätswerk bezog seinen Strom von Kohlekraftwerken durch große Hochspannungsleitungen und verteilte ihn dann auf Städte und Dörfer im Landkreis Alfeld. Und wenn nun die im Westen liegenden stromerzeugenden Kraftwerke durch die Frontlinie erreicht wurden, könnten die dann noch Strom bis Gronau liefern? Und wenn kein elektrischer Strom mehr möglich war, was dann?

Dieses Problem kam nun konkret auf das Haus der Familie Sievers zu. „Ich koche doch alles elektrisch", klagte Liselotte. Sie hatte aber Gott sei Dank einen kombinierten Elektro- und Kohleherd in der Küche, so dass sie dann mit Brennholz kochen konnte. Sievers hatten jedoch nicht wie alle ihre Nachbarn eine

Handpumpe in der Waschküche, sondern durch Heinrichs fortschrittliches Denken und technische Möglichkeiten eine elektrische Motorpumpe im Keller, die mit Hilfe eines Druckkessels und einer Haustrinkwasserleitung in Bad, Küche und Klo Wasserhähne bediente. Aber wenn es nun keinen elektrischen Strom gab und die Wasserleitungen im Haus leer blieben? Als sie vor einigen Jahren das Einfamilienhaus bauten, brachte sie der Bauunternehmer auf die Idee, im Keller einen leistungsfähigen großen Regenwasserbehälter einzubauen, hauptsächlich um den Garten mit kostenlosem Wasser zu versorgen. Wenn der bis oben gefüllt war, könnte man notfalls lange das Regenwasser auch zum Trinken benutzen. Das stellte sich jetzt zu ihrer Beruhigung heraus.

Die Erntearbeiten in Garten und Küche wurden nun unter dem Eindruck dieser Perspektive besonders intensiv betrieben. Alle vorhandenen Weckgläser wurden gefüllt, viele Konservendosen in die Regale im Keller gestellt, für Möhren, Steckrüben und Schwarzwurzeln legte Heinrich im Garten eine kleine Erd-Miete an, in der gut eingepackt die Früchte den Winter überstehen konnten. Zwiebeln wurden trocken an geschützter Stelle draußen aufgehängt. Zum Vorrat gehörten auch die auf den Feldern aufgelesenen Körner als notwendiges Hühnerfutter, um Eier zu bekommen und ab und zu ein Huhn schlachten zu können. Ärgerlich und peinlich war es dann, wenn ein Einmachglas oder eine Konservendose nicht dicht blieben und der Inhalt anfing zu gären oder schlecht zu werden. Das wurde dann wenn möglich noch schnell verbraucht.

KZ-Zug mit Güterwagen

Auf der täglichen Fahrt zur Schule musste Eberhard in Elze umsteigen. Gronau liegt an einer kleinen Nebenstrecke, in Elze kreuzen sich die Hauptstrecken von Süden nach Norden und von Osten und Westen. Während Eberhard einmal auf der Rückfahrt von der Schule in Hildesheim auf seinen Anschlusszug warten musste, hielt auf seinem Bahnsteig ein Güterzug vor einem Haltesignal. Sogleich sprangen Soldaten mit umgehängten Gewehren von dem Zug ab und standen auf dem Bahnsteig, um den Zug zu bewachen. Eberhard erinnerte sich, dass er schon einmal einen bewachten Güterzug gesehen hatte. Dieses Mal aber bestand der Zug aus gewöhnlichen roten geschlossenen Güterwagen ohne Fenster – und da entdeckte auf einmal Eberhard hinter einer kleinen offenen Lüftungsklappe Gesichter. Mehrere Leute drängten sich in dem Wagen an die Lüftung und schauten auf den Bahnsteig. Es waren ernste, traurige Gesichter, Männer und Frauen, blass und eingefallen. Aber kein Wort war aus den Wagen zu hören, die offensichtlich voll von Menschen waren.

Eberhard ging auf einen Wachsoldaten zu und fragte ihn, wer da in den Güterwagen wäre. Doch im Gegensatz zu der damaligen Situation reagierte dieser Soldat überhaupt nicht. Er war nicht darauf gefasst, angesprochen und gefragt zu werden und deshalb auch nicht bereit zu antworten. Er schaute den Jungen kurz an und drehte sich dann wortlos und ärgerlich abrupt um und ging einige Schritte von Eberhard weg. Er wollte nichts sagen. Das Signal gab wieder freie Fahrt, die Soldaten sprangen wieder auf, der Zug fuhr an, die Gesichter verschwanden. Und Eberhard stand wie erstarrt da und wusste nicht, was er davon halten sollte, dass da nicht Reisende wie üblich im Personenzug saßen, sondern dass Menschen in Güterwagen eingesperrt transportiert wurden.

Diese Beobachtung war für den Jungen so unheimlich, dass er wusste, darüber kann man nicht einfach reden, sondern das muss geheim bleiben. Darum hatte der Wachsoldat nicht auf seine Fragen reagiert. Eberhard erzählte seinen Eltern nichts davon, vergaß aber dieses seltsame Erlebnis nicht. In seiner Schulklasse gab es einen, den sie alle „Heite" nannten. Er kam täglich mit einem Zug aus Richtung Braunschweig und wohnte in einem Dorf, in dem es außer Bauern und Landwirtschaft auch eine Fabrik gab. Heite erzähle in den Pausen oft von Kriegsgefangenen, die auf Bauernhöfen arbeiteten und auch Traktoren fuhren, und von polnischen Frauen, die in der Fabrik arbeitsverpflichtet waren. Heite kannte sich mit solchen Verhältnissen der Ausländer in seinem Dorf aus und berichtete freimütig, was er von denen wusste, welche er schon kannte, mit welchen er öfter redete.

Diesem Klassenkameraden vertraute Eberhard sich mit seiner Beobachtung auf dem Elzer Bahnhof an. Heite wusste damit sogleich etwas anzufangen. „Das waren bestimmt Leute aus einem Konzentrationslager KZ", erklärte er, „die darin Gefangenen werden aus den KZ im Osten weiter in den Westen verlegt, wenn die sowjetische Front näher rückt." – „Und was für Leute sind das im Konzentrationslager?" – „Juden und Verbrecher und solche. Vielleicht fuhr der Zug nach Bergen in der Heide. Da gibt es ein KZ." Nun konnte sich Eberhard den Güterzug voll von Menschen erklären. Zuhause erzählte er nun davon. Das war für die Eltern eine interessante Neuigkeit. Sie hatten wohl davon gehört, dass einer, der etwas gegen die Regierung hatte, nicht in ein Gefängnis kam, sondern in ein Konzentrationslager, ohne dass ihnen Einzelheiten bekannt waren. Sie ermahnten ihren Sohn, lieber nichts weiter zu erzählen. Es fügte sich in ihr Bild von der politisch nationalsozialistisch geprägten Gesellschaft ein, in der sie lebten.

Gefährliche Rückkehr nach Aachen

Im Oktober gab das Oberkommando der Wehrmacht bekannt, dass alliierte Truppen die Stadt Aachen erobert hätten. Die aus Aachen evakuierten und bei Sievers in Gronau einquartierten beiden Damen wurden unruhig. Was machten die Kriegsereignisse

wohl aus ihrer schönen Stadt, um die lange erbittert gekämpft
wurde? Wie hatte wohl ihre Wohnung das Kriegsgeschehen über-
standen? Ist ihr Haus wohl noch heile? Wenn die Wohnung nur
beschädigt war, zum Beispiel wenn nur die Fensterscheiben alle
kaputt geschossen wurden, wer kümmert sich dann um ihre Wohnung, wenn es hineinregnet? Solche und viele andere ganz kon-
krete Fragen bedrängten sie und ließen ihnen keine Ruhe mehr.
Da die Westfront nunmehr ihre Stadt überrollt hatte, wollten
sie unbedingt zurück, was auch immer aus ihrer Wohnung geworden war. Sprachen sie mit Sievers darüber, hatten die volles
Verständnis für den Wunsch zur Rückkehr. Aber war eine solche
Rückkehr überhaupt möglich? Wie sollten sie dahin kommen?

Die Aachenerinnen rannten zum Bahnhof und erkundigten sich,
wie weit denn noch Züge nach Westen fahren, da doch die Front
immer näher vorrückte? Was die Damen besonders interessierte, war die Bahnverbindung nach Marburg. Ja, nach Marburg
konnte man noch fahren. In Marburg wohnte eine Nichte von
ihnen mit ihren Kindern. Dort in Marburg wären sie viel näher
an Aachen dran, dachten die Damen, und dort wollten sie sich
von der Kriegsfront überrollen lassen. „Und selbst wenn Sie den
Krieg in Marburg überleben, wie wollen Sie dann von Marburg
nach Aachen kommen? Meinen Sie, dass da dann schon wieder
Züge fahren?" – „Das wissen wir nicht. Dann gehen wir zu Fuß.
Wir wollen aber auf jeden Fall wieder nach Hause." – „Das sind
aber 200 km!" – Nichts mehr konnte die beiden Damen halten.
Mut hatten sie, und rüstig waren sie auch. Sie konnten sich auch
richtig eine Fahrkarte nach Marburg kaufen, bedankten sich bei
der freundlichen Familie Sievers in Gronau und machten sich
auf den ungewissen Weg zu ihrer Nichte und dann nach Hause. – Familie Sievers hat nie erfahren, ob diese gefährliche Reise
ihrer Mitbewohner tatsächlich das Ziel mitten im Kriegsgeschehen erreichte. Entweder die beiden mutigen Damen haben das
Abenteuer nicht überlebt, oder sie vergaßen zuhause die zeit-
weise Aufnahme nach Gronau völlig. Denn in Gronau hat man
nie mehr etwas von ihnen gehört.

Einsätze des Jungvolkes

Das Fähnlein 3/257 „Schlageter" des Gronauer Deutschen Jungvolks wurde in dieser Zeit häufig für notwendige Arbeiten eingesetzt, für die sonst die Arbeitskräfte fehlten. Einmal zum
Beispiel kam eine Frau der Deutschen NS-Volkswohlfahrt und
bat Eberhard, seine Kameraden zusammenzutrommeln, weil
ein ganzer Lastwagen voll von Schuhen angekommen wäre, der
schnell entladen werden müsste. Da blieb keine Zeit, zu fragen,
woher und warum und weshalb, sondern Eberhard schrieb einen Dienstbefehl für den Gronauer Jungenzug für den nächsten Tag 16 Uhr und hängte diesen Befehl in den Kasten am
Gasthaus an der Ecke zur Burgstraße, in den jeder Junge täglich schauen musste.

Tatsächlich fehlten dann doch einige, zu denen sich der schnel-
le Dienstbefehl nicht herumgesprochen hatte. Aber die anwesenden Jungen packten tüchtig mit an, Hunderte von schwarzen Halbschuhen unverpackt, für Männer, Frauen, Kinder aus
dem Lastwagen auszuladen und in einer Scheune fein sorgfältig sortiert aufzustapeln. Die Leiterin der NS-Volkswohlfahrt
bedankte sich für die fleißigen Helfer, betonte jedoch, dass sie
keine Schuhe an die Jungen zum Dank verschenken dürfe, das
wäre Diebstahl und würde schwer bestraft. Es hatte auch keiner
erwartet, und so gingen die Jungen müde und erschöpft zum
Abendbrot nach Hause.

Solche Einsätze kamen oft vor. Eine Ladung Bettwäsche für das
Lazarett. Für die Soldaten gespendete Wollsachen von Privatleuten abholen und dazu mit Handwagen von Haus zu Haus ziehen. Uniformteile der Lederwarenfabrik, die aus irgendeinem
Grund nicht abgeholt werden konnten, mit lauter Handwagen
nach Elze zum Bahnhof transportieren. Nach einem plötzlichen
frühen Wintereinbruch die Zufahrtsstraße und den Hof des
Krankenhauses von Schnee frei schippen. Mit Sammelbüchsen

straßenweise von Haus zu Haus für das Winterhilfswerk WHW sammeln. Wegen der häufigen Anforderung der Jungen fiel der sonst regelmäßige wöchentliche DJ-Dienst aus. Nur der Fanfarenzug, den Eberhard auch befehligte, trat regelmäßig zum Üben an. Aber die Schüler von 10 bis 14 Jahren wurden in der Stadt gebraucht, waren auch durchaus hilfsbereit, und Eberhard trommelte seine Kameraden notfalls mit dem Fahrrad persönlich zusammen. Er war pflichtbewusst. Das ging nach der Schule vor aller Arbeit in Haus und Garten vor.

Gottesdienst in schwerer Zeit

An einem Freitagnachmittag im November bekam Liselotte Besuch von der Frau des Organisten und Chorleiters mit dem schönen Namen Piep. Sie legte ihre Arbeit an den Brotbeuteln zur Seite und bereitete einen Pfefferminztee zu. Frau Piep berichtete, dass ihr Mann als Oberleutnant bei der Wehrmacht gestern unerwartet auf Urlaub gekommen war und bis Dienstag bleiben könne. Da könne doch der Kirchenchor am Sonntag im Gottesdienst einmal singen. Das wäre für alle eine Freude. Während sie zu Frau Sievers ging, von der sie wusste, dass sie im Vorstand des Chores ist, suchte ihr Mann Pastor Schwietering auf, um mit ihm das Singen im Gottesdienst zu besprechen. Man muss nur die Sängerinnen aufsuchen und zu Sonntag einladen, schon eine halbe Stunde vor dem Gottesdienst, um das Repertoire einzuüben. Liselotte war hell begeistert von dem Vorschlag und stimmte spontan zu. Frau Piep erzählte, ihr Mann sei nicht mehr an der Ostfront, sondern im Süden, in Italien. Er hätte von einem befreundeten Luftwaffenoffizier die Erlaubnis bekommen, ganz kurzfristig mit einer Luftwaffenmaschine nach Deutschland zu fliegen. Deswegen wurde dieser Kurzurlaub schnell beantragt, organisiert und genehmigt.

Das war ein spontaner Glücksfall. Schnell aufs Fahrrad und von einer Sängerin zur nächsten zu fahren und sie zu informieren und einzuladen. Alles klappte, Pastor Schwietering stimmte zu, Eberhard half auch mit, die Chorsängerinnen aufzusuchen. Liselotte bat Heinrich und Eberhard, in den Gottesdienst mitzukommen. Die Nachbarin Frau Krieger nahm die kleine Christiane in der Zeit zu sich. Und dann war es ein richtig schöner Gottesdienst mit musikalischer Umrahmung. Liselotte sang mit Begeisterung im Chor mit und spürte, was für ein tröstlicher Ruhepunkt ein solcher Gottesdienst gerade in so schweren Zeiten war, und sie war von tiefer herzlicher Dankbarkeit erfüllt. Da fühlte man nicht die Sorge um das eigene Leben, sondern die Zuversicht aus christlichem Glauben, dass Gott seine schützende Hand über alle hält. Der Pastor kannte die Angst der Menschen und wusste im Gebet Worte zu finden, die die bedrängende Unsicherheit über die Zukunft ausdrückten und dagegen die Kraft des Glaubens setzten. Denn je weiter die feindlichen Truppen von Westen her vordrangen und Gronau näher kamen, desto größer wuchsen die Ungewissheit und die Angst.

Liselotte hatte in diesem Gottesdienst gespürt, dass die Anrufung Gottes und Gottes Wort das einzige war, was gegen die alltäglichen tiefen Sorgen helfen konnte. Nach zwei Wochen wollte sie gern wieder in den Gottesdienst gehen und bat Heinrich und Eberhard, mitzugehen. Diese Bitte auszusprechen war ganz ungewöhnlich, deshalb mochten die beiden Männer nicht absagen, obwohl sonst die Sonntage auch mit allerhand Arbeiten gefüllt waren. Liselotte fing nach dem Gottesdienst beim Mittagessen ein Gespräch an über die Predigt, was auch völlig neu war und was ebenfalls als Liselottes Bedürfnis nach klärenden Worten neben allen üblichen Gesprächen aufgefasst und angenommen wurde. Dabei stellte sich heraus, dass Eberhard, der junge gerade konfirmierte Christ, genau zugehört hatte und sich seine eigene Meinung zu dem Gesagten und Gehörten gemacht hatte.

Als das Jahr sich dem Ende zuneigte, wurde es in Familie Sievers auf Liselottes Initiative hin zur Gewohnheit, von da an jeden Sonntag zur Kirche zu gehen. Denn die Bedrängnis der Situation steigerte sich ja immer schlimmer und spitzte sich immer mehr zu. Nun fingen alle drei an, sich an das, was der christliche Glaube tröstlich einbrachte, zu klammern als ein Schimmer der Hoffnung. Die tatkräftige Vorbereitung auf den Tag X ging deshalb mit unverminderter Intensität weiter. Und was öffentlich verlautet wurde, blieb sowieso in hohlen Phrasen stecken, mit denen keiner etwas anfangen konnte und die die Bevölkerung unbeachtet über sich ergehen ließen.

Hitlerjungen als Totengräber

Einmal starb im November in der Gronauer Siedlung, dem Neubauviertel mit Einfamilienhäusern, ein kleines Mädchen an der Diphterie-Infektion, die zu spät erkannt worden war. Die Eltern erfuhren zu ihrem Schrecken, dass die Männer, die gewöhnlich als Totengräber einen Sarg trugen, beim Volkssturm benötigt wurden. Aber wer sollte nun Totengräber sein? Einer kam auf die Idee, die Jungen vom Deutschen Jungvolk der Hitlerjugend zu fragen, denn die hatten in der letzten Zeit oftmals bei den verschiedensten Gelegenheiten gezeigt, dass sie helfend zur Verfügung standen. Zumal es sich ja in diesem Fall um ein kleines Mädchen in einem Kindersarg handelte. Mit diesem Anliegen kam nun eine Nachbarin zu Eberhard. Mit solch einer Notsituation hatte nun niemand gerechnet. Aber warum eigentlich nicht? Eberhard willigte ein, einige Freunde zur Mithilfe bei dieser Beerdigung zu gewinnen, was auch gelang.

Aber nun gab es für diese vier Jungen wieder ein Kleidungsproblem. Sie hatten keine schwarzen Anzüge, und in kurzen Hosen ging das natürlich auch nicht. Man entschied sich, die Winteruniform mit langen Schihosen zu tragen, aber ohne alle Führerschnüre und Abzeichen. Keine Braunhemden mit schwarzen Halstüchern, wie sie zur Uniform getragen wurde, sondern die schwarzen Schijacken bis oben hin zum Hals zugeknöpft. Am Tage vor der Beerdigung hoben die vier Jungen auf dem Friedhof die Grube aus. Den Sarg holten sie dann am Beerdigungstag in der Wohnung der Trauerfamilie ab und legten ihn auf den mit Pferden bespannten Totenwagen. Der Leichenzug mit dem Pastor und den Angehörigen ging dann durch die ganze Stadt nach oben zum Friedhof auf dem Lehder Berg. Die vier Jungen gingen rechts und links am Leichenwagen, und wer zu Fuß auf der Hauptstraße (der Straße des 10. April) dem Leichenwagen begegnete, blieb beim Vorbeifahren stehen, und die Männer nahmen ihren Hut ab. Sie staunten nicht schlecht, dass nicht Männer, sondern Jungen als Totengräber neben dem Sarg gingen. Für die Jungen, die sonst in Reih und Glied durch die Straßen marschierten, war dieser Gang zum Friedhof ein ganz ungewohntes Gefühl.

Sie saßen während der Trauerfeier in der Friedhofskapelle hinten auf der letzten Bank. Dann trugen sie zu viert den Kindersarg zu dem vorbereiteten Grab, schaufelten hinterher das Grab mit dem Sarg des verstorbenen Mädchens zu und legten die Blumen darauf. So machten vier Jungen alle Arbeiten, die der Küster ihnen zur Beerdigung zuwies. Die Eltern des verstorbenen Mädchens bedankten sich herzlich für die tatkräftige Hilfe der Jungen, die für diese überraschende Aktion alles Notwendige reibungslos ordentlich vollbracht hatten. Diese Tat bewies, wie wichtig für die ganze Stadt Gronau in dieser Kriegszeit die Hilfsbereitschaft des Jungvolks war.

Möbel fürs Altenheim

Dann bekam die NS-Volkswohlfahrt mitten im November ein großes Problem. In Gronau gab es einige alte Leute, die so gebrechlich waren, dass sie zum Leben auf die Fürsorge hilfsbereiter Menschen angewiesen waren, die aber keine Angehörigen für diese Arbeit hatten. Ihnen stellte die NS-Volkswohlfahrt ein Heim zur Verfügung, in dem sie die notwendige Fürsorge zum Leben erfuhren. Nun waren längst alle noch einigermaßen gesunden Männer und Frauen arbeitsverpflichtet, so dass sie in den Familien fehlten. Dadurch stieg die Zahl solcher alten, pflegebedürftigen und doch unversorgten Männer und Frauen an, und das Heim musste mehr und mehr aufnehmen. Das Haus für die Alten war zwar groß, aber bisher war lediglich das Erdgeschoss von den Bewohnern benutzt worden. Nun gab es im ersten und zweiten Stock genügend weitere Räume, aber die standen noch völlig leer ohne Möbel. Als das Heim eingerichtet worden war, brachte man zwar Möbelwagen voll von Möbeln zum Heim, stellte diese aber vorerst in einem Schuppen unter. Um jetzt mehr Bewohnerinnen und Bewohner aufzunehmen, mussten nun diese Möbel aus dem Schuppen in die Räume im ersten und zweiten Stockwerk getragen werden. Die in dem Heim arbeitenden wenigen Schwestern waren damit völlig überfordert. Die Leiterin erschien bei Eberhard und trug ihm ihr Problem vor und ihren Vorschlag, ihre Bitte, den Möbeltransport über den Hof ins Haus mit den Jungen vorzunehmen.

Es ging um Tische und Stühle, um Schränke und Betten, um Matratzen und Polsterstühle, um Teppiche und Läufer, um Bettwäsche und Bilder. Alles schleppten sie hoch in die Räume im ersten Stockwerk, die Stühle allein, die Schrankteile zu zweit, die schweren Tische zu viert. Oben standen die Schwestern und zeigten den Jungen, in welchen Raum die Möbel gestellt werden sollten. Das war wirklich eine mühsame Schlepperei, über den Hof und dann die Treppe hinauf. Schließlich stellte sich heraus, dass ein zweiter Nachmittag noch nötig wurde. Also morgen wiederkommen! Die Jungen kamen wieder trotz der schweren Arbeit, aber jeder sah ja die sinnvolle Notwendigkeit der Hilfeleistung ein. Es wurde eine noch schwerere Plackerei, zumal es dieses Mal bis zum zweiten Stockwerk die Treppen hinauf ging. Die Jungen stöhnten und verpusteten sich beim Rückweg die Treppen hinunter ohne das sonst übliche Quatschmachen.

Als auch diese Arbeit geschafft war und alle Möbel aus dem Schuppen ins Haus gebracht worden waren, gab es für die fleißigen Jungen eine tolle Überraschung. Die Leiterin hatte es trotz der Lebensmittelknappheit geschafft, für jeden Jungen zwei Kuchenstücke zu backen. Die Jungen bekamen nun zum Dank nach getaner Arbeit Muckefuck Kaffee und Kuchen, ohne Lebensmittelmarken und ohne zu bezahlen. Das war eine Freude! Diese tolle Aktion würdigte sogar die örtliche Leine- und Deister-Zeitung mit einem lobenden Bericht. Dieser Jungenzug Gronau des Jungvolks-Fähnleins unter Eberhards Führung war wirklich ein Segen für alle. Als Eberhard von dem gelungenen Einsatz zuhause erzählte, meinte seine Mutter: „Zum Dank für Kaffee und Kuchen solltest du der Leiterin mal einen schönen Blumenstrauß bringen!" Liselotte sorgte eifrig dafür, dass bei Sievers immer ein Blumenstrauß die Wohnung belebte und die Atmosphäre verschönerte. Gesagt, getan. Eberhard fand in den Wiesen dem Haus gegenüber verspätete Margeriten und pflückte einen dicken Strauß mit Blumen und Schmuck-Gräsern. Die Leiterin war über solche Liebenswürdigkeit eines Jungen freudig überrascht. Eberhard wurde danach auf der Straße beim Einkaufen mehrmals lobend angesprochen über die tatkräftige Aktion der Jungen, was ihn natürlich stolz machte.

Ende der Hitlerjugend in Gronau

Die übrigen Einheiten der Hitlerjugend, die HJ-Gefolgschaft der über 14-jährigen Jungen und die Mädchen-Organisationen hatten längst ihre Tätigkeiten, ihren Dienst stillschweigend eingestellt, weil es in der schlimmen Kriegssituation, die immer schwieriger und schwieriger für die ganze Bevölkerung wurde, keinen Sinn hatte, auf dem Schulhof zu exerzieren, marschierend die zackige und militärische Bereitschaft zu demonstrieren, Kampflieder einzuüben, Volkstänze zu tanzen oder Geländespiele zu veranstalten. Die Dienstveranstaltungen der HJ-Organisationen wurden nun aber nicht etwa offiziell beendet, sondern erledigten sich mehr von selbst. Erst ließ die Beteiligung rapide nach, als die Kinder und Jugendlichen zu anderen familiären Arbeiten herangezogen wurden, die notwendiger waren. Dann zogen die einzelnen Führer und Führerinnen daraus die Konsequenz, keine Dienstbefehle mehr herauszugeben. Auch das Spiel des Fanfarenzuges hörte auf. Die einzige jugendgemäße Betätigung in Gronau in diesem Herbst war tatsächlich der gelegentliche Einsatz des Jungvolks unter Eberhards Führung.

Der HJ-Bannführer Pollhof in Alfeld schickte in diesen Tagen den Befehl zu einem sogenannten Führerdienst nach Gronau. Zum Führerdienst mussten alle Führer und Unterführer aller HJ-Organisationen kommen, also der Gefolgschaft der über 14 Jahre alten Jungen (die 17 und 18 Jahre alten Jungen fehlten in der Gefolgschaft, weil sie zum Militär eingezogen worden waren), des Jungvolks-Fähnleins, des Bundes Deutscher Mädels BDM und der Jungmädel. Eberhard gab den Führerdienstbefehl an seine Unterführer weiter. Man kam zum Führerdienst in einem Klassenraum der Volksschule zusammen. Nach „Heil Hitler" hielt Bannführer Pollhof eine flammende Rede, in der er betonte, wie wichtig der Kampfesmut der deutschen Jugend sei und dass man das auch in der Öffentlichkeit zeigen sollte, um der Bevölkerung auch den Mut zur Verteidigung der Heimat gegen die bösen Feinde zu stärken. Sie müssten den Verteidigungskampf eben nicht mit Waffen wie die Wehrmacht, sondern mit dem festen Willen führen.

Etwas anderes hatten die versammelten Führerinnen und Führer nicht erwartet. Sie kannten das Vokabular und den Ton politischer Reden schon. Als Pollhof fertig war, wagte keiner zu fragen, wie die Jugendlichen das denn eigentlich machen sollten, dem Volk den Mut zur Heimatverteidigung zu stärken. Es war nicht üblich, nach einer solchen Rede etwas zu sagen, zu fragen oder gar andere Meinungen zu äußern oder zu diskutieren. Also blieb es völlig offen, wie der flammende Aufruf in Taten umgesetzt werden sollte. Keiner wusste, wie so etwas gemacht werden könnte und sollte, auch nicht der Bannführer. Es blieb eben bei der lautstarken Verbreitung hohler ideologischer Phrasen. Pollhof war an sich ein Mann im besten wehrfähigen Alter, aber er war als Soldat leicht verwundet worden, trug den linken Arm immer in einer Schlinge und war deshalb als HJ-Bannführer zur politischen Indoktrination der Jugend eingesetzt worden, ein scharfer Hund, wie man so sagte.

Als alle schon dachten, das war's, holte Pollhof noch einmal aus: „Mit sofortiger Wirkung wird Eberhard Sievers von der Führung des Fähnleins 3 entlastet, weil die Abstellung des Fanfarenzuges nach Alfeld zum Tag der Kriegsfreiwilligen nicht geklappt hat. Das Fähnlein der DJ untersteht ab sofort dem Gefolgschaftsführer der Gronauer HJ." – Eberhard fiel aus allen Wolken. Er war schockiert und den Tränen nah, denn „entlastet" hieß nichts anderes als „abgesetzt". Er wusste trotz seines Erschreckens, was nun zu geschehen hatte. Eberhard, der in den hinteren Reihen der Stühle saß, stand auf, ging nach vorne, nestelte an seiner Fähnleinführerschnur an der Uniform, knöpfte sie ab und gab sie Pollhof. Dabei unterdrückte er männlich alle Tränen. Pollhof nahm die Schnur wortlos an, sagte laut „Heil Hitler" und verschwand. Das war das Ende der nationalsozialistischen Jugendarbeit in Gronau.

Die Führerinnen und Führer eilten wortlos nach Hause. Sie waren in gewissem Sinn erleichtert, dass der „scharfe Hund" nicht noch irgendeine blödsinnige Aktion kurz vor Schluss für die HJ befohlen hatte. Dass es nach dieser letzten Veranstaltung mit der Hitlerjugend in Gronau zu Ende war, wusste jeder. Eberhard Sievers ging mutterseelenallein langsam nach Hause. Keiner der Anwesenden zeigte sich mit betroffen von dieser ganz falschen und unverständlichen Herabsetzung des beliebten Fähnleinführers, und keiner hatte ein Wort mit ihm und für ihn. Eberhard war – wie alle – von seiner Absetzung völlig überrascht worden, denn er war sogar mit einem gewissen berechtigten Stolz über die Leistungen seines Jungvolkes in der Stadt in die Zusammenkunft der Jugendführer gegangen.

Seine Absetzung als Führer des Fähnleins war ganz und gar ungerecht und darum für Eberhard völlig erschreckend. Dass ihm sein verantwortungsvolles Amt als Jugendführer mit Schimpf und Schande abgenommen wurde, erfüllte ihn mit Scham und mit Ärger und mit Wut auf Pollhof, der keinen Schimmer einer Ahnung von Eberhards eifriger Wahrnehmung seiner Verantwortung in dieser Zeit und in dieser Stadt hatte. Natürlich hatte keiner den Bannführer über die inzwischen längst eingeschlafenen Jugenddienste aufgeklärt. Sie hüteten sich, davon ein Wort zu sagen, und Pollhof hatte auch nicht danach gefragt. So war Eberhard von allen Jugendführern der einzige, der eins ausgewischt bekam, obwohl er auch der einzige war, der überhaupt noch sinnvolle Jugendarbeit in Gronau betrieben hatte. Die Übergabe der Fähnleinführung an den HJ-Gefolgschaftsführer war Unsinn, denn den kannte keiner, und der kannte auch keinen Jungen.

Als Eberhard nun zuhause ohne seine Führerschnur ankam und von seiner schändlichen Absetzung als Fähnleinführer erzählte, kamen doch die Tränen. Seine Mutter nahm ihn in die Arme. Sie kannte ihren Eberhard, ein Junge von 14 Jahren, und ahnte, welches Wechselbad der Gefühle er durchmachte, vom Lob für seine Taten bis zur öffentlichen Demütigung. Den Vater interessierte der Grund für seine Absetzung, die Nichtteilnahme des Gronauer Fanfarenzuges am Tag der Kriegsfreiwilligen in Alfeld. Pollhof hatte mit der Organisation einer Kundgebung und einem Marsch durch die Stadt Alfeld groß herauskommen und Eindruck machen wollen. Nun war er verärgert, dass die anfeuernde Fanfarenmusik gefehlt hatte.

Die Geschichte vom Tag der Kriegsfreiwilligen war aber schon lange Wochen her und in Gronau längst vergessen. Dabei hatte Eberhard sich die Hacken abgelaufen, seine Leute des Fanfarenzugs zusammenzukriegen. Doch die hatten nun wirklich Wichtigeres zu tun (zum Beispiel der Mutter bei der Wäsche in der Waschküche zu helfen, weil die nur sonntags Zeit dafür hat) als sonntags nach Alfeld zu fahren zu einer Veranstaltung, von der kein Gronauer etwas wusste und etwas hielt. Sollten doch die Kriegsfreiwilligen, wenn sie damit in der Öffentlichkeit Eindruck machen wollten, allein durch Alfeld marschieren. Oder gab es in Alfeld keinen Fanfarenzug? Und wieso kann man einfach befehlen, die Gronauer Jungs den ganzen Sonntag in die Kreisstadt zu holen?

„Und wenn es dir auch nicht gelang, deine Fanfarenbläser zusammenzutrommeln, dann hat die Abmeldung doch ihre verständlichen Gründe und es ist kein Grund, dich mit deiner Absetzung als Fähnleinführer für den Ausfall zu bestrafen. Und das nachträglich viele Wochen hinterher wegen so einer Lappalie, und dann ohne irgendeine Ankündigung so eine rücksichtslose scharfe öffentliche Verurteilung ohne ein einziges persönliches Wort zu dir. So ein blöder Bannführer", sagte der Vater, der sich über die unmögliche Art und Weise des Bannführers ärgerte. Heinrich schimpfte: „Pollhofs Verhalten ist falsch und rücksichtslos und dumm, alles zugleich." – Die Freunde in der Schule trösteten Eberhard damit, dass er nun keine Verantwortung mehr tragen musste. Keiner trauerte der Hitlerjugend nach. Alle hatten nun andere Sorgen. Nach einiger Zeit fand sich Eberhard mit seiner neuen persönlichen Situation ab. Es gab noch einige Male Anfragen an ihn wegen eines hilfreichen Einsatzes der Jungen, aber die wimmelte er ab. Er hatte seinen Jungen des Jungvolks nichts mehr zu befehlen und zu sagen, und überhaupt gab es die gesamte Hitlerjugend in Gronau nicht mehr.

Neue Sinnsuche

Heinrich Sievers offene, deftige und laute Kritik über den HJ-Bannführer war Ausdruck seines allgemeinen Unbehagens mit der NSDAP und ihren Funktionären. Lange hatte er, auch während der wechselvollen Kriegsereignisse, dem Führer Adolf Hitler vertraut, er würde schon alles gut und richtig richten. Als er früher einmal bei der gemeinsamen Gartenarbeit mit seinem Sohn über die Kriegslage sprach, hatte er das Gespräch noch mit der Überzeugung beendet: „Junge, wie gut, dass wir den Führer haben." Aber als er nunmehr das Ende des Krieges und das Ende des Nationalsozialismus realistisch erkennen musste, sah er sein Vertrauen in die deutsche Führung getäuscht. Der völlig falschliegende Bannführer aus Alfeld besiegelte endgültig seinen Meinungsumschwung. Dabei blieb vorerst völlig offen, welche politische Orientierung für sein Leben er an die Stelle des Nationalsozialismus setzen konnte.

Liselottes Mitgliedschaft und Annäherung an die NS-Frauenschaft war nie richtig ideologisch verfestigt, so dass sie wenig Schwierigkeiten damit hatte, im Laufe des Krieges alles hinter sich zu lassen und zu vergessen, was den Frauen politisch eingetrichtert worden war. Die kluge und verständnisvolle Gronauer Frauenschaftsleiterin hatte Liselottes Lebenseinstellung eine neue Richtung gegeben. Sie fand als erste in der Familie festen Halt für ihr Leben in einer deutlichen Hinwendung zum christlichen Glauben.

Eberhard wuchs wie selbstverständlich und kritiklos im nationalsozialistischen Geist heran und war nun im Begriff, den Schock seiner Absetzung als Jungvolkführer nicht als Entwürdigung für sich zu empfinden und nicht nur lediglich dem „blöden Pollhof" persönlich anzulasten, sondern als Zeichen der verräterischen Struktur des ganzen Nazi-Systems zu erkennen, die die jugendliche Vertrauensseligkeit für die parteipolitische Wertsetzung missbraucht hatte. Als junger Mensch reifte eine Sinngebung für sein Leben erst langsam heran, war er durchaus flexibel, solche erlebten Schwankungen für sich zu bewerten. Darum kam er über die erlebte persönliche Krise ziemlich rasch hinweg und verstand auch schnell, seinen Lebensweg innerhalb der Hitlerjugend hinter sich zu lassen. Was ihm stattdessen Halt in Zukunft geben könnte, war ihm überhaupt nicht klar, konnte er aber auch in jugendlicher Unbefangenheit einigermaßen getrost abwarten. Die Geborgenheit und Sicherheit in der bürgerlichen Familie trug entscheidend dazu bei.

Waren die Mitglieder der Familie Sievers bisher typische „Mitläufer" gewesen, so war diese Einstellung und Haltung nunmehr aufgegeben und beendet. Ein Glück und ein Segen, dass Liselottes Initiative zu regelmäßigem Kirchgang auch den beiden Männern in der Familie jedenfalls vorübergehend eine tragfähige Lebensdeutung vermittelte und damit eine empfindliche Lücke oder eine schnöde armselige Gleichgültigkeit verhinderte.

Zuckerrübensaft

Hurra! Detlef kam Ende November für eine ganze Woche auf Urlaub nach Hause. Er bekam wieder sein Bett oben in der Schlafkammer, in der er jahrelang mit seinem Bruder Eberhard zusammen geschlafen hatte. Wesentliche Gespräche der beiden Brüder fanden stets vorm Einschlafen in dieser Kammer statt, und so ging es auch in diesem Urlaub. Was hatte Detlef auch viel zu berichten, der in seiner Flakbatterie ein ganz anderes Leben führte unter Soldaten und mit Kameraden. Er erlebte und erfuhr dort viel mehr vom tatsächlichen Kriegsgeschehen als seine Eltern im kleinen Städtchen Gronau und sein Bruder als Schüler. Ihm waren auch Stimmungen und Einstellungen und persönliche Meinungen bekannt von Menschen, die kein Blatt vor den Mund nahmen vor kritischen oder ärgerlichen Äußerungen. In dieser Beziehung war Detlef derjenige aus der Familie, der am meisten wusste, am vielseitigsten denken konnte und in seinem Urteil über die Lage ihres Lebens sogar reifer war als seine Eltern.

„Was sind denn das für Handwagen, die an unserem Haus vorbeirollen?", fragte er abends Eberhard. Die beiden ließen die Rollos vorm Fenster hoch, natürlich war das Licht ausgeschaltet, und schauten aus dem Fenster. Draußen war es stockdunkel, man konnte nichts sehen, wohl aber die Handwagen rollen hören. „Keine Ahnung", meinte Eberhard, „vielleicht aus Angst vor Fliegeralarm, dass sie den Ort und ihre Wohnung verlassen und ins Freie fliehen?" Jedoch an dem Geräusch war zu vernehmen, dass die Wagen im Dunkeln gleichzeitig in beiden Richtungen fuhren. Daraus konnten sich die Jungen keinen Reim machen.

Am nächsten Tag, einem Sonntag, machte die ganze Familie einen Nachmittagsspaziergang, wie sie es oft gewohnt waren. „Lasst uns mal Oma Höwe guten Tag sagen", schlug Heinrich vor. Oma Lina Höwe wohnte mit ihrer Schwester Marie am anderen Ende von Gronau neben der Leinebrücke. Die beiden alten Damen freuten sich über den Besuch und spendierten ihren vorzüglichen Himbeersaft, dessen Qualität Sievers schon kannten. Als das Gespräch auf die Kriegssituation kam, gab Detlef zu bedenken, dass die Wohnung direkt neben der Leinebrücke im Falle einer Eroberung Gronaus eine gefährliche Lage hatte. Und Eberhard erzählte von den Leuten, die aus Angst mit Handwagen nachts die Stadt verließen. Aber als das Marie hörte, fing sie an zu lachen und sagte freimütig: „Nein, nein, das ist ganz anders. Die Leute gehen an eurem Haus vorbei, weil sie in die Felder wollen und Zuckerrüben klauen." Tatsächlich ging die Wilhelm-Gustloff-Straße hinaus in die Felder, auf denen im Leinetal lauter Zuckerrüben angebaut wurden. „Sie kochen sich daraus Rübensaft aufs Brot." – „Ja", lachte Marie immer noch, „vor ein paar Tagen sind wir auch im Dunkeln bei eurem Haus vorbeigezogen und haben Rüben geklaut."

Dann erzählten Lina und Marie, wie sie aus Zuckerrüben süßen schwarzen Sirup gemacht hatten. Bauer Keese, in dessen Haus sie oben zur Miete wohnten, besaß eine große Apfelsaftpresse, mit der man auch aus gekochten Rüben den Saft pressen konnte, der dann kochend eingedickt wurde, bis er als Sirup dickflüssig war. Marie holte ein Marmeladenglas voll von Sirup her und ließ alle probieren. Es macht zwar viel Arbeit, schafft aber einen köstlichen Brotaufstrich.

Liselotte, Detlef und Eberhard schwärmten auf dem Rückweg davon und dachten insgeheim schon weiter, bis Liselotte sagte: „Hein, was meinst du denn dazu? Du sagst ja gar nichts." Das stimmte. Heinrich blieb bei diesem Gespräch auffallend still. Jetzt brach es aus ihm hervor: „Wir klauen keine Rüben." Der Satz saß. Das war Heinrichs Gewissen gewesen, weshalb er so lange geschwiegen hatte. Jedoch die kärgliche Zuckerration, die man auf Lebensmittelmarken kaufen konnte, reichte für die Familie hinten und vorne nicht. In dieser Zeit der Knappheit aller Lebensmittel könnte die Familie gut mehr Brotaufstrich brauchen, und dann sogar viele, viele große Gläser voll. Aber: Wir klauen keine Rüben! Dabei blieb es. Keiner wagte es, dem Vater, dem Ehemann ins Gewissen zu reden.

Nur Detlef dachte still für sich weiter. Erst am Abend, als sie in ihren Betten lagen, fing er mit seinem Bruder das Gespräch über den Zuckerrübensaft für die Familie wieder an. „Wenn Vati das nicht übers Herz bringt, Zuckerrüben zu klauen, dann müssen wir beide das eben ohne ihn tun." Eberhard verschlug dieser Vorschlag die Sprache. „Ohne Vati?" – „Ja. Wir holen die Rüben allein. Das nehmen wir auf unsere Kappe. Und wenn wir dann die Waschküche voller Rüben liegt und er schimpft, bringen wir sie doch nicht wieder weg. Dann kochen wir mit oder ohne Vati zusammen daraus den Sirup. Du sollst einmal sehen, mit dem Trick kriegen wir das hin. Und der Alte Herr wird das mitmachen. Sein Gewissen wird ja nicht belastet." Den Ausdruck „Alter Herr" benutzte Detlef öfter, wenn er über seinen Vater sprach („Vati"). Diesen Ausdruck hatte Detlef aufgeschnappt, als sie in der Batterie über ihre Väter sprachen. – Dann brüteten die beiden Brüder einen geheimen Plan für die nächste Nacht aus.

Am nächsten Abend musste alles in vollkommener Stille und Dunkelheit geschehen. Die beiden Brüder warteten, bis die Eltern ins Bett gegangen waren. Dann zogen sie sich wieder an, schlichen leise die Treppe hinunter und reihten sich mit ihrem Handwagen in die Reihe der Rübenklauer ein. Die Bauern hatten einen Vertrag mit der Gronauer Zuckerfabrik, ihre Rüben dann zu der Fabrik zu bringen, wenn die Fabrik ihnen kurzfristig Bescheid gab. So regelte die Zuckerfabrik eine gleichmäßige Anlieferung. Die Bauern pflügten die Zuckerrüben rechtzeitig aus und hackten die Blätter ab. Dann wurden sie am Feldrand aufgehäuft, bis sie an die Reihe kamen. An diese Rübenhaufen machten sich die Rübenklauer des Nachts. Die Bauern duldeten den Diebstahl stillschweigend, weil sie wussten, in welcher Hungerlage sich ihre Nachbarn befanden.

Die Sievers-Brüder hatten es nicht weit, weil ihr Haus draußen am Stadtrand stand. Sie schufteten die halbe Nacht, immer hin und her, immer schnell und immer ganz still, hinter dem Haus leise in den Keller, wo sich die Waschküche befand. Bis die Waschküche mit einem Berg voller schmutziger, grober Zuckerrüben gefüllt war. Dann schnell und leise ausgezogen, gewaschen und wieder ins Bett. Für Eberhard blieb zum Schlafen nicht mehr viel Zeit übrig, er musste früh raus und zum Bahnhof laufen.

Heinrich bemerkte nichts von dem geheimnisvollen Vorgang. Morgens und auch mittags ging er nicht in den Keller. Liselotte war jedoch über die ganze Aktion eingeweiht worden und schwieg. Mit der Mutter konnten die Söhne reden. Sie hielt natürlich auch dicht. Aber nun waren alle drei gespannt, wie der Vater reagieren würde, wenn er abends nach Feierabend nach Hause kam und sich wie gewohnt an die Gartenarbeit machen wollte und dazu durch die Waschküche ging. In der Küche oben taten alle so, als wenn nichts weiter wäre, dann ging Heinrich nach unten. Die anderen drei lauschten gespannt. Aber nichts passierte. Kein entrüsteter oder erstaunter Ruf ertönte, der Mann kam auch nicht überrascht wieder nach oben. Sie warteten und warteten. Schließlich konnten es die beiden Jungen nicht mehr aushalten. Sie gingen nach unten. Da bot sich in der Waschküche ein unerwartetes Bild. Der Vater hatte sich einen Schemel geholt und sein Taschenmesser gezückt und sich an die Arbeit gemacht, als wenn nichts wäre: Als erstes mussten die Rüben von anklebender Erde gesäubert werden. Er sagte kein Wort, sondern arbeitete. Er fragte nicht und schimpfte nicht. Er ging an die Arbeit.

Liselotte kam nun auch dazu. Die Zuckerrüben wurden vom gröbsten Dreck gesäubert, erst in einer großen Wanne gewaschen, und dann mit einem Hackebeil auf einem Hackklotz in Stücke gehauen. Am nächsten Tag holten die Jungen die Apfelpresse. Dann wurden die Stücke in dem großen kupfernen Waschkessel gekocht und mühsam in stundenlanger schwerer Arbeit ausgepresst, so dass ein klebriger süßlicher hellgelber Saft in den Eimer floss. Am dritten Tag kochten sie den Saft unter dauerndem Umrühren, so dass das Wässerige verdampfte und der Saft mehr und mehr eindickte, bis er zu schwarzem Sirup geworden war. Es war eine schwere, schmierige Arbeit. Aber sie lohnte sich. Liselotte wusste den Zuckerrüben-Sirup zum Süßen von allerhand Gerichten zu verwenden, zum Beispiel auch zum Kuchenbacken. Weil man für den Brotaufstrich keine Butter hatte, sondern mehr Quark zur Verfügung hatte, strich man den Sirup auf den Quark. – Übrigens fragte Heinrich auch später nie, wie denn die rohen Zuckerrüben eigentlich in die Waschküche gekommen waren. Es mag wohl ein Wunder gewesen sein, und das konnte es auch bleiben. Ein bisschen Stolz auf die fleißigen Söhne mag auch dabei gewesen sein.

Schlachtfest

Mit dem Herannahen der kalten Jahreszeit kam im Dezember die Zeit, das gemästete Schwein zu schlachten. Das war in so einem Einfamilienhaus ein ungewöhnliches Projekt. Es war ja keine Fleischerei und kein Bauernhof und zum Schweineschlachten nicht eingerichtet. Aber immerhin gab es eine intakte Waschküche im Keller des Hauses, denn ohne Waschküche ging nichts. In Gronau gab es mehrere Männer, die die Kunst des Schweineschlachtens beherrschten, das waren die Hausschlachter. Der alte Noltemeier, den man angeheuert hatte, brachte auch alle nötigen Geräte mit. Er arbeitete aber nicht allein, die Familienmitglieder mussten alle tüchtig mit anfassen. Als erstes heizte Liselotte viel heißes Wasser im Waschkessel an.

Als das Schwein nun aus dem Stall geholt wurde, zeigte sich sogleich die Hilflosigkeit von Elektroingenieur und Schüler bei den Handgriffen, die man nun eigentlich mit Kraft und Geschick brauchte. Denn das Schwein – als hätte es geahnt, dass es ihm nun an den Kragen ging – rannte mit Kraft und Schwung, kaum dass Heinrich die Stalltür öffnete, ab in den Garten. Alle liefen hinterher, um es wieder einzufangen. Da hatten die Nachbarn, die das mitkriegten, etwas zu lachen. Als endlich der alte Noltemeier das Tier zu fassen bekam, wusste der es mit Kraft festzuhalten.

Zum Schweineschlachten gehörte, das Blut zu rühren und die Schwarte von Haaren zu säubern. Das abgestochene Tier wurde in einem großen hölzernen Trog mit kochend heißem Wasser übergossen und dann ausgenommen. Dann wurde es auf eine kleine Leiter gebunden, die an der Hauswand aufgerichtet wurde. So sollte das Fleisch auskühlen. Das war die erste Gelegenheit für alle Mitarbeiteten zur Frühstückspause. In der Waschküche ging die Arbeit zur Fleischverwertung weiter: Eberhard musste sich abrackern, die schweren Maschinen mit der Hand zu drehen: Fleischstücke durch die Hackmaschine drehen und dann in verschiedenen Schüsseln würzen für Leberwurst, Rotwurst, und so weiter, Därme kochen und von innen nach außen drehen für Würste, die Wurstmaschine drehen, um die Würste in die Därme zu füllen, Schinken in Sole einlegen zur Haltbarkeit über den Winter, Wurstdosen im Waschkessel kochen ... Das von Sievers gefütterte Schwein war nicht sehr fett, was umso mehr dem größeren Anteil an schmackhaftem Fleisch zugute kam. Außerdem hatte es ja im Frühjahr einen ganzen Koffer voll Speck gegeben.

Noltemeier war ein einfacher Mann, aber als Experte zum Hausschlachten war er Gold wert. Er kannte die Handgriffe und Kniffe, von denen Sievers keine Ahnung hatten. „Wie kriege ich meine fettigen Hände wieder sauber?“, fragte ihn Eberhard. „Ganz einfach“, erwiderte der Hausschlachter, „du musst sie in Wasser tauchen, das so heiß ist, wie du es gerade noch aushalten kannst. Dann geht das Fett heraus.“ Die Schinken wurden in einem tönernen Trog eingesalzen. Sie blieben wochenlang in diesen Trögen. Das Salz wurde dann flüssig und zog in die Schinken ein.

Am Abend aß man mit Noltemeier zusammen Abendbrot und schloss die ungewohnte Tagesarbeit des Schlachtfestes mit lockeren Gesprächen ab. Als alles im Hause so verstaut war, dass es für längere Zeit haltbar blieb, ruhten sich alle aus, in Beziehung auf die Lebensmittel etwas beruhigter für zukünftige Ungewissheiten. Vom nächsten Monat an erhielt nun Familie Sievers für ein halbes Jahr keine Fleischmarken mehr bei der Ausgabe der

Lebensmittelmarken im Ernährungsamt im Rathaus. Manche Leute fütterten und schlachteten darum ein Schwein ganz geheim, ohne es anzumelden, um die Kürzung der Fleischration zu umgehen. Solches „Schwarzschlachten" war streng verboten und wurde nur in aller Heimlichkeit gemacht.

Auf das Ende zu

Mit dem schon sehr erwachsen wirkenden und redenden Detlef kam nun auch die Diskussion in der Familie Sievers erneut in Gang. Der Flakhelfer erwähnte, dass in ihrer Batterie eine Reihe von russischen Kriegsgefangenen eingesetzt waren, die die ausgesprochen schweren Arbeiten verrichten mussten, zum Beispiel Flakgranaten aus dem Munitionsdepot an die Geschütze zu transportieren. Jeder Kontakt mit ihnen war den Soldaten und Flakhelfern verboten. Sie wurden auch grob behandelt und angeschrien. Einmal ist ein Russe weggelaufen. Man weiß nicht, warum, aber er lief plötzlich davon. Ein Offizier nahm kurzerhand seinen Revolver und erschoss den Russen von hinten in den Rücken. Der Offizier wurde deswegen nie zur Rechenschaft gezogen. Ein Kriegsgefangener, der flieht, gehört erschossen. So ging man rücksichtslos mit Gefangenen um. Was er von russischen Frauen wusste und erzählte, bestätigte solchen brutalen Umgang mit Nicht-Deutschen.

Bei solchen Gesprächen erfuhr Detlef zu seinem Erstaunen, welche Wandlung die politische Einstellung seiner Eltern inzwischen durchgemacht hatte. Das blinde Vertrauen auf den Führer Adolf Hitler war völlig erschüttert. Die öffentliche Propaganda in ihrem lebensfremden verlogenen Pathos hatten sie durchschaut. Von den Gronauer Parteiführern hielten sie gar nichts mehr. Sie beklagten Eberhards unsinnige Absetzung als Fähnleinführer durch den „scharfen Hund" aus Alfeld.

In diese Diskussion brachte nun Detlef seine Kenntnisse von offenen Soldatenmeinungen ein. Über das, was geschehen könnte, wenn der Feind Gronau eroberte, konnte Detlef Erkenntnisse einbringen, die den Sievers ganz neu waren. „Gronau ist als Brückenstadt strategisch gefährdet", wusste er, „die Stadt liegt auf einer Insel der Leine, und quer durch die Stadt geht die Hauptstraße über die Brücken. Brücken sind immer gefährlich. Sie werden hart verteidigt, auch von Bombern angegriffen, oder vorher schon von den Deutschen gesprengt, um den Feind aufzuhalten. Wenn das passiert, fliegt Oma Höwes schöne Wohnung neben der Leinebrücke auch mit in die Luft. Da ihr hier draußen am Rande der Stadt wohnt, habt ihr aber nichts zu befürchten. Am besten ist, wenn die Amis näherkommen, nehmt ihr die beiden alten Damen Höwe zu euch auf. Da sind sie sicher und können abwarten, was mit ihrer Wohnung passiert."

Detlef warnte auch – wenn die Kriegsfront über Gronau hinweg gegangen war – vor dem Umgang der Amerikaner mit den deutschen Parteifunktionären der NSDAP. „Mit dem Nationalsozialismus ist es dann grundsätzlich vorbei. Die Amis werden mit den Verantwortlichen der Partei bestimmt nicht zimperlich umgehen. Bringt nur alle nationalsozialistischen Zeichen vorher weg! Habt ihr etwa noch eine Hakenkreuzfahne im Haus? Vergrabt sie! Alle Uniformen und Abzeichen müsst ihr vernichten, damit sie nicht denken, ihr seid auch Nazis. Ihr müsst euch als ganz zivile unpolitische Bürger darstellen, das ist das Sicherste."

Soweit hatten die Sievers bisher noch nicht denken können, weil ihnen für das „Überrollenlassen" und das, was danach kommen könnte, alle Vorstellungskraft fehlte. Und auf die Gegenfrage, was denn aus ihm als Flakhelfer würde, wenn ihn die Kriegsfront erreichte, rechnete er realistisch mit Gefangenschaft, sofern er den Kampf überleben würde. „Es ist immer noch besser, die Amis erobern uns von Westen, als die Russen von Osten." – Diese Überlegungen anzustellen, war für Liselotte und Heinrich nötig und richtig, doch trotzdem ungemein beunruhigend.

Mit bangem Herzen verabschiedeten sie sich wieder von ihrem Sohn Detlef und beteten, dass sie ihn noch einmal wiedersehen würden. Detlef tröstete seinen Bruder Eberhard wegen seiner öffentlichen Demütigung. „Wer weiß, wozu das doch gut war", sagte er, „wer weiß, ob die Amis nicht Hitlerjugendführer auch zur Rechenschaft ziehen werden."

Advent und Weihnachten

Gegen Ende des Jahres wurde Deutschland von seinen Feinden im Osten und im Westen immer enger und enger zurückgedrängt. Als erste deutsche Stadt eroberten die Alliierten Aachen (was mag wohl aus den beiden alten Damen aus Aachen geworden sein?), und nun standen sie am Rhein. Im Osten tobte der Kampf um Ostpreußen, und die Bewohner begannen zu fliehen, zu Lande durch den polnischen Korridor, und über die Ostsee mit Schiffen. Im Westen gab es nichts zu fliehen. Wo sollte man auch hin? Die übermächtigen Feinde waren nicht mehr aufzuhalten. Viele, viele deutsche Städte, große und kleine, wurden bombardiert und teilweise völlig zerstört. Das Gerede vom Endsieg geriet immer mehr zur unerträglichen Lüge. Man hörte nicht mehr hin, sondern dachte nach, wie man das Überleben sichern konnte.

Aber Advent wurde es auch in diesem schlimmen Jahr. „Hosianna dem Sohne Davids!", sangen sie in der Kirche, wie immer. Wie gut, dass der christliche Glaube und die kirchliche Jahresordnung über all dem schrecklichen, gegenwärtigen Erleben standen! Pastor Schwietering tat sein Bestes, die Ängste und Unsicherheiten der Bevölkerung in Gottesdienst, in Predigt und Gebete aufzunehmen. Dabei ging es weniger um die Nöte dieser Tage, die schon ärmlich und fragwürdig genug waren, als vielmehr um die Ungewissheit der Zukunft, die die Leute unter sich ganz unterschiedlich diskutierten und die als öffentliche Sprache tabu war, so dass von öffentlichen Worten keine Hilfe zu erwarten war. Manche Menschen waren in Todesangst wie gelähmt und wollten sich am liebsten verkriechen, manchen war alles egal und sie ließen alles kommen, wie es kommt, manche handelten planlos und kopflos, mal so, mal so, mal dies, mal das.

Der Familie Sievers war durch den unbefangenen Rat ihres Sohnes Detlef geholfen worden, trotz aller Aufregung kühlen Kopf zu behalten, Vorsicht und Umsicht walten zu lassen – und dank der Initiative von Liselotte das Beten nicht zu vergessen. Das heilsame Wort der Kirche sättigte zwar nicht die knurrenden Mägen, doch es besänftigte die Seele und verringerte die Angst. Der Pastor ermahnte, nicht nur an sich selbst zu denken, sondern auch an die Nachbarn, an Alte und Schwache, die tatkräftige Nächstenliebe gerade auch in dieser Not nicht zu vergessen. Er rief dazu auf, gegen die bedrängende Resignation die Hoffnung aus christlichem Glauben zu setzen und die tröstliche Zuversicht, in Gottes Liebe geborgen zu sein, was auch immer geschehen mag. Und trotz allem zu singen: „Hosianna dem Sohne Davids!"

Sievers Nachbarin Mariechen Krieger, deren Mann Soldat war, arbeitete täglich in der Lederwarenfabrik, fütterte Kaninchen, Hühner und ein Schweinchen. Sie hatte Landwirte in der entfernten Verwandtschaft, von denen sie ab und zu eine Tüte mit Getreide als Tierfutter bekam. Bevor der Winter eintrat und kein Grünfutter in den Wiesen mehr zu finden war, ließ sie alle vier Kaninchen durch einen Bekannten schlachten, der sich damit auskannte, Kaninchen auszunehmen und ihnen das Fell abzuziehen. Das sehr schmackhafte Kaninchenfleisch kochte sie in Dosen ein für die Winterszeit, doch mit den Fellen, so erzählte sie der Nachbarin Liselotte, konnte sie nichts anfangen. Liselotte sah sich die Kaninchenfelle an, die zum Trocknen auf Kriegers Hausboden aufgehängt waren, und hatte eine Idee. Sie fragte, ob sie die vier Felle bekommen könnte. „Die schenke ich dir“, äußerte Mariechen bereitwillig. „O vielen Dank! Ich nähe daraus Weihnachtsgeschenke für meine Männer“, erwiderte Liselotte erfreut und fügte hinzu: „Ich werde Eberhard bitten, dass er für dich auch Zuckerrüben besorgt. Du wirst den Sirup gut brauchen können.“

So nahm sie die vier getrockneten Kaninchenfelle mit nach Haus, heimlich, damit die Männer nichts davon merkten. Eberhard war gern bereit, den Hilfedienst für die Nachbarin zu machen und holte ihr zwei Handwagen voll beladen mit Rüben. Frau Krieger ging jeden Tag in die Lederwarenfabrik zur Arbeit. Am nächsten Sonntag pressten und kochten alle Sievers mit Frau Krieger zusammen in ihrer Waschküche den feinen dunklen Sirup für den Winter. Die Männer ahnten nicht, dass es bereits eine Gegenleistung für diese Hilfe gegeben hatte. Als sie fertig waren, gab es bei Mariechen Krieger ein gemeinsames Abendessen mit richtiger Wurst vom selbstgemästeten Schwein. Aber Liselotte schwieg von den ihr überlassenen Fellen. Das sollte eine Weihnachtsüberraschung für Mann und Sohn werden.

Mit dem Advent kriegten auch die Schüler der Scharnhorst-Oberschule Hildesheim wieder Kohlenferien. Das war für Eberhard Sievers ganz praktisch. Nun konnte er umso besser im Familienleben mitarbeiten, dazu gehörte auch, sich um die kleine Schwester zu kümmern. Die beiden verstanden sich gut. Das Kind lächelte, wenn es ihn erkannte. Und Eberhard konnte sich lange mit dem Baby beschäftigen, nahm es auf den Arm und fuhr es in seinem deutschen Einheitskinderwagen spazieren.

Er nahm sich vor, die Eltern zu Weihnachten mit einem besonderen Geschenk zu überraschen. Das erforderte viele Stunden Arbeit, und alles musste geheim bleiben. Weil er in der Küche arbeiten musste, wurde die Küche in diesen Stunden für die Eltern gesperrt, die derweil nebenan in der Wohnstube saßen, lasen, strickten und Radio hörten.

Der älteste Bruder Reinhard hatte vor Jahren begonnen, eine kleine Weihnachtskrippe aus Sperrholz für die Weihnachtsfeier der Familie anzufertigen. Das Stallgebäude war fertig, aber zu den dazu passenden Figuren war er nicht mehr gekommen. Diese Ergänzung nahm Eberhard sich nun für die Adventszeit vor, in der er nicht zur Schule fahren musste: das Kind in der Krippe, Maria und Josef, Hirten, Könige und viele, viele Engel, sitzend, stehend, fliegend, alles aus Sperrholz. Reinhard hatte damals bereits alle Vorlagen für Krippenfiguren besorgt, die kopierte Eberhard nun mit Blaupapier auf das Holz und sägte sie dann mit einer Laubsäge aus. Laubsägen war für alle drei Brüder eine oft geübte Arbeit, um Schmuckgeschenke anzufertigen. So sägte nun Eberhard stundenlang, schliff die Figuren sauber und malte sie dann an. Dafür hatte er schon lange Farben aufbewahrt und versteckt, damit die Engel schön wurden, sogar mit Gold- und Silber-Bronze.

Für Liselotte wurde es viel schwieriger, als sie gedacht hatte, ein Weihnachtsgeschenk für ihre Männer anzufertigen. Aus den Kaninchenfellen, die schön hell- und dunkelgrau gemustert waren, wollte sie warme Männer-Handschuhe für den Winter nähen. Sie besaß eine Nähmaschine mit Fußtritt, die in dieser Zeit Gold wert war zum Flicken, Stopfen und Nähen. Sie besorgte sich Schnittmuster für Fausthandschuhe und legte sie auf die Felle. Aber gewachsenes Fell zu schneiden ist viel schwerer als leichte Stoffe. Diese Felle waren ja auch nicht weich gegerbt. Sie fühlten sich an wie grobes Leder, nicht geschmeidig und glatt, sondern hart und spröde. War das Zuschneiden schwer und kompliziert, so stellte sich das Nähen als unmöglich heraus. Die feine Nähmaschine konnte nicht zwei aufeinander gelegte Kaninchenfelle zusammennähen. Was nun?

Die liebe Nachbarin Mariechen wusste Rat. Sie nahm die zugeschnittenen Teile mit zur Arbeit in die Lederwarenfabrik und reichte sie einer Kollegin, deren Arbeitsplatz eine Leder-Nähmaschine war. Die nähte ruck-zuck die Fausthandschuhe mit festem Zwirn zusammen. Bei dieser Arbeit waren die Fellhaare außen. Liselotte musste sie nun nur umdrehen, damit die Haare nach innen kamen. Aber selbst diese Tätigkeit, die bei leichten Stoffen nur ein blitzschneller Handgriff war, erwies sich als unheimlich kompliziert und schwer. Und dann mussten die Kanten noch mit der Hand umsäumt werden, mit Fingerhut, kräftigem Faden und dicken Nadeln. Noch nie musste Liselotte für Weihnachtsgeschenke so schwer arbeiten und so stöhnen. Aber die fertigen warmen Winterhandschuhe waren schön und praktisch, in einer Zeit, in der es nichts gab und alles knapp war, schon gar nicht das, was schön und praktisch zugleich war.

Die Vorbereitungen für das Weihnachtsfest bestanden außerdem aus Sparen. Sparen für ein festliches Essen in den Feiertagen. Das geschah nun nicht so sehr mit dem Horten von Lebensmitteln, sondern mit dem Zurücklegen von Lebensmittelmarken. Darum wurde das Essen in der Adventszeit knapp gehalten, damit zu Weihnachten ein Kuchen gebacken werden konnte und mittags ein Braten auf den Tisch kam und abends ein reichhaltiges Abendbrot zum Sattessen mit Butter und Käse und Wurst. Dieses war Liselottes und Eberhards Aufgabe, wenn er einkaufen ging.

Als ein besonderes Spar-Problem stellten sich Kerzen heraus. Liselotte band wie in jedem Jahr einen schönen Adventskranz aus Tannenzweigen, die ihr Eberhard beschaffte. Kerzen gab es nicht zu kaufen. Dafür hob sie schon lange Kerzenstümpfe auf, denn an die Anfertigung eines Adventskranzes mit Kerzen musste man schon im Sommer denken, wenn er gelingen soll. Diese Kerzen auf dem Kranz durften nun nur immer ganz kurze Zeit am Sonntag brennen, damit sie bis zum vierten Advent durchhielten.

Eberhard hatte ein besonderes Problem mit seiner selbst gesägten Weihnachtskrippe. Neben dem Kind in der Krippe musste nach seiner Meinung unbedingt einer Kerze stehen, wenn man nur an das Bibelwort denkt: „Ich bin das Licht der Welt." Er sammelte darum seit langer Zeit auch Kerzenstummel. Die machte er dann in einem Topf flüssig und dachte sich ein Verfahren aus, eine Kerze selbst aus Wachsresten herzustellen. Er fand in der Werkstatt des Überlandwerkes Leinetal ein passendes Rohr-Abfallstück von 10 cm Länge. Er bohrte ein kleines Loch durch ein Brettchen, zog einen Bindfaden hindurch und stellte das Rohrstück senkrecht auf das Loch im Brett und hielt den Bindfaden als Kerzendocht straff gespannt nach oben. Dann goss er das flüssige Wachs hinein, ließ es erkalten und brauchte später das gefüllte Rohr nur kurz zu erwärmen, dann konnte er die fertige Kerze herausziehen. Nun wurde der Stall der Christgeburt sogar lebendig erleuchtet.

Damit war aber die Frage der Kerzen am Weihnachtsbaum noch nicht beantwortet. „Dann ist der Christbaum ohne Kerzen auch schön", trösteten sie sich, nur der Vater dachte sich seinen Teil. Er hatte auch ein Weihnachtsgeheimnis, das er durch die ganze Adventszeit hindurch für sich behielt. So wurde in diesem Jahr das Weihnachtsfest erwartet mit einer Mischung aus dem zähen Willen, im Alltag durchzuhalten, und dem Respekt vor der Tradition, trotz allem zu feiern, wirklich und ernst zu feiern. Zur Weihnacht gehörte zuerst der Gottesdienst am Heiligen Abend. Es gehörte aber auch dazu, die kleine Christiane während des Gottesdienstes zu Hause zu hüten. Eberhard erklärte sich gleich dazu bereit, um der kleinen lieben Schwester willen auf den Gottesdienst zu verzichten. Er konnte diese Stunde nicht nutzen, um seine Krippe unter dem Christbaum aufzubauen, denn die Weihnachtsstube war wie immer vor der Bescherung verschlossen. So packte er die hölzernen heiligen Figuren in einen Karton, den er dann den Eltern überreichen wollte, und ließ Christiane seelenruhig in die Weihnacht hinein schlafen.

Als die Eltern wieder heimkamen, meinte die Mutter, als ganz zum Schluss der Christvesper wie üblich von der stehenden Ge-

meinde „O du fröhliche" gesungen wurde, wäre ihr doch komisch
ums Herz gewesen, aber sie hätte tapfer die Tränen herunter-
geschluckt. Doch wie fröhlich überrascht waren Liselotte und
Eberhard, als sie am Heiligen Abend die nunmehr offene Weihnachtsstube betraten und den Baum hell erleuchtet vorfanden.
Er strahlte von zwanzig hellen elektrischen Kerzen!

Das war Heinrichs Weihnachtsgeschenk für die Familie. Und
unter den breiten Zweigen baute Eberhard nun seine selbst-
gebaute Krippe auf, stellte und hängte Engel drum herum, die
Menge der himmlischen Heerscharen, und neben dem Kinde in
der Krippe brannte eine lebendige Kerze. Und lächelnd über-
reichte Liselotte den beiden Männern die warmen Fell-Faust-
handschuhe, die sprachlos vor Überraschung und erfreut über
das kostbare praktische Geschenk waren. So wurde es auch mit
bangen Gefühlen doch ein richtiges fröhliches Weihnachtsfest. Liselotte spielte auf dem Klavier mehrere Weihnachts-
lieder, und alle sangen mit Inbrunst mit. Ein wunderschönes
Fest in schwerer Zeit!

Dennoch gab es einen Wermutstropfen in dieser feierlichen
Weihnachtszeit: Von Detlef, ihrem zweiten Sohn, hatten sie
zur Weihnacht nichts gehört. Sie hätten natürlich einen Brief
erwartet mit einem Gruß aus der Ferne als Flakhelfer in Salzgitter. Nichts kam an. Was mochte da los sein? Sollte er vor lauter Fliegeralarm und Militärdienst keine Freizeit gehabt haben, um den Eltern ein schönes Weihnachtsfest zu wünschen?
Die Eltern machten sich Sorgen um ihren Sohn, zumal sie an
diesem Fest immer auch an ihren im letzten Jahr verstorbenen ältesten Sohn Reinhard denken mussten. Hatte die Post
vielleicht nur den Weihnachtsbrief verbummelt? – Auch am
Tage nach dem Fest kam keine Post von Detlef an. Die Sorge
blieb und wurde von Tag zu Tag größer, als sie bitter ungedul-
dig warten mussten.

Silvester 1944/1945

Bis zum 31. Dezember, dem Silvestertag. Da endlich erreichte sie in Gronau ein Brief aus Salzgitter. Detlef schrieb: Ich bekam einige Tage vor Weihnachten eine fürchterliche Grippe und musste im Bett bleiben. Unser Stubenältester meldete mich als krank, als ich eines Morgens nicht aufstehen konnte, ganz heiß im Kopf und ganz schlapp war und dauernd husten musste. Der Militärarzt kam und meinte, ich brauche wohl nicht ins Krankenhaus, würde aber vom Dienst freigestellt, sollte in meiner Stube im Bett bleiben und eine Medizin einnehmen. Meine Kameraden guckten öfter mal nach mir. So feierte ich Weihnachten im Bett. Wir hatten sogar einen Tannenzweig auf dem Tisch in unserer Stube und eine Kerze. Und alle kriegten ein paar Kekse und was einige Eltern geschickt hatten. Gott sei Dank gab es am Heiligen Abend keinen Alarm. Nach dem Fest ging es mir wieder besser, dann konnte ich wieder aufstehen und auch einen Brief schreiben. Bitte entschuldigt, dass ihr von mir keinen Gruß zu Weihnachten gekriegt habt. Jetzt wisst ihr den Grund. Ich wünsche euch ein richtig gutes neues Jahr.

Die tollste Überraschung war ein dem Brief beigelegtes Foto. Alle Flakhelfer der Stube 5 wurden gemeinsam vor der Tür ihrer Baracke fotografiert, und der kleine Detlef mittendrin, alle in Uniform und mit Mützen auf dem Kopf. Und Detlef lachte, wie fast auf allen Fotos, wenn er fotografiert wurde. Einer aus der Gruppe hatte einen tollen Fotoapparat und sein Vater ein Fotogeschäft. Der hatte noch einen Kleinbildfilm aufgetrieben und Fotopapier und konnte den Film auch entwickeln und für jeden aus der Stube ein Bild anfertigen. Das war eine Freude in Gronau! Noch ein weiteres wunderbares Weihnachtsgeschenk für alle!

Nur die traditionellen Würstchen zum Silvester-Abendbrot fehlten bei Familie Sievers dieses Mal. Da half auch kein rechtzeitiges Fleischmarken-Sparen, denn im Fleischgeschäft wurden keine Würstchen mehr hergestellt und angeboten. Also musste es der Kartoffelsalat alleine machen. Und der schmeckte auch gut. Eberhard behauptete: „Wie war es eigentlich genau vor einem Jahr? Ich kann mich nur erinnern, dass ich, ohne ein Wort darüber zu verlieren an die kleine Christiane dachte. Ich wusste natürlich nicht, dass es unsere kleine Christiane werden würde. Aber ich dachte nicht an das, was vorbei war, sondern an das, was kommt. Ich freute mich darauf, durfte aber nichts davon laut sagen, weil ihr glaubtet, ich wüsste von nichts.“ – „Heute ist es ganz anders“, antwortete die Mutter, „da mag ich gar nicht an die Zukunft denken, sondern nur an das vergangene Jahr. Dass wir Reinhard verloren haben. Und natürlich, dass wir die kleine Christiane gekriegt haben. Das war ein Segen.“ – „Wie es wohl Detlef gehen mag?“, fragte Heinrich, „der wünscht uns ein richtig gutes neues Jahr. Meint er das wohl ernst, mit dem richtig guten neuen Jahr? Ausgerechnet heute?“ Keiner mochte darauf eine Antwort geben.

In den Abendstunden dieses Silvestertages machte sich in der Familie Sievers eine gedrückte Stimmung breit, die sich auch nicht aufhellen ließ. Da hatte es doch diesen schönen Brief mit Foto von Detlef gegeben! Da hatten doch die sorgfältig vorbereiteten Weihnachtsgeschenke so viel Freude bereitet! Überhaupt: Da lag doch die kleine fröhliche und gesunde Christiane in ihrem Körbchen, die sie das ganze Jahr über glücklich gemacht hatte! Zwar trauerten sie dem toten Reinhard nach, wenn sie an ihn in solchen feierlichen Stunden dachten. Aber das war es nicht. Es waren die Ungewissheit und die Angst vor der Zukunft. Erwartete sie neues Leid und der Tod im neuen Jahr? Reichte aller Trost, an den sie glaubten, gegen die Angst und gegen den Krieg aus?

Liselotte schenkte angewärmten Apfelsaft in die Gläser ein. Zwölf Pieptöne aus dem Radio markierten die Wende zum neuen Jahr 1945. „Prost! Wir wünschen uns ein richtig gutes neues Jahr!“ Draußen vor der Haustür lauschten sie in die Dunkelheit.

Läuteten die Glocken vom Kirchturm wirklich ein richtig gutes neues Jahr ein? Mit dieser Frage, brennend und ungewiss, zog sich die Familie Sievers fröstelnd zurück.

Das schreckliche und glückliche Ende

Scharnhorstschule

Die dramatischen Ereignisse, wie Gronau am Ende des Zweiten Weltkrieges 1945 überrollt wurde, haben sich fest in meinem Gedächtnis eingeprägt. Ich war damals 15 Jahre alt und wohnte mit meinen Eltern und meiner kleinen einjährigen Schwester zusammen in der Breiten Straße 14, die damals Wilhelm-Gustloff-Straße hieß.

Gronau liegt auf einer Insel der Leine, die von Süden nach Norden fließt. Die von West nach Ost quer durch die Stadt verlaufende Hauptstraße geht also über Brücken. Diese Lage sollte in den Tagen am Ende des 2. Weltkrieges eine strategisch wichtige

Bedeutung erlangen. Auf dieser Hauptstraße spielte sich in den letzten Tagen des Krieges eine eigenartige, fast gespenstisch anmutende Szene ab. Es fuhren deutsche Militärlastwagen durch die Stadt von West nach Ost, also nicht auf die Kriegsfront zu, sondern von ihr weg: Es war die Flucht vor dem herannahenden übermächtigen Feind. Soldaten zogen in der gleichen Richtung, nicht etwa in Reih und Glied mit klingendem Spiel, wie wir das Militär vorher nur kannten, sondern schweigend, einzeln oder in Gruppen, ungeordnet, müde und doch gehetzt, in ganz unterschiedlicher Ausrüstung, mit Stahlhelm, mit Käppi, ohne jede Kopfbedeckung, Verwundete mit Verbänden, mit oder ohne Gewehr, mit oder ohne Mantel – immer nach Osten, immer nur weg vom Feind, eine geschlagene Armee auf der Flucht, tagelang und nächtelang.

Dieser Anblick war für mich ein Schock. Mit innerer Erregung, mit Trauer und Wut stand ich da und sah zu, wie die verzweifelten Menschen an mir vorbei schlichen, immer nur nach Osten, immer nur weg vom Feind. Menschen, die tapfere Soldaten gewesen waren. Trauer, weil mir die elenden Schicksale dieser Geschlagenen und Fliehenden ins Auge sprangen und ins Herz drangen. Wut, weil ich mich an die schneidigen Marschkolonnen der deutschen Wehrmacht gut erinnern konnte, die früher oft das Stadtbild belebten. Wie ich so stand und zusehen musste, was es heißt, wenn ein Volk einen Krieg, einen Weltkrieg verliert, war ich innerlich aber noch weit entfernt davon, Hitler oder die deutsche Regierung oder den Nationalsozialismus oder gar das ganze deutsche Volk, das diesem Hitler zugejubelt hatte, als verantwortliche Urheber dieses grauenvollen Schreckens zu verstehen und anzuklagen. Die Feinde waren eben stärker – das war's für mich. Und im Übrigen musste man nur zusehen, das Herannahen der Kriegsfront zu überleben.

Am Morgen des 7. April 1945 wachte ich davon auf, dass das von der Hauptstraße heraufdringende Geräusch ein anderes war als das, was ich seit Tagen im Ohr hatte. Es war jetzt ein durchdringendes gleichmäßiges Brummen und Dröhnen, kraftvoll wie fernes Donnern. Wir liefen vors Haus und schauten die Breite Straße entlang, die ja auf die Hauptstraße direkt zuläuft. Es waren Panzer, große Ungetüme mit rasselnden Ketten und riesigen Geschützrohren, immerzu, ohne Unterbrechung, einer nach dem anderen, ab und zu Lastwagen dazwischen, dann wieder die lange Reihe der Panzer, und immer in der gleichen Richtung nach Osten, und auf jeden Panzer war ein großer Stern aufgemalt.

Da wurde uns klar: Das sind die Amerikaner. Jetzt sind wir auf der anderen Seite der Front und des Krieges. Wir gingen bange ins Haus zurück. Da war nichts von Erleichterung zu spüren. Die kam viel später. Jetzt trieben uns andere Sorgen. Genug zu essen im Haus? Auch Milch für die kleine Christiane? Vorräte von Nahrungsmitteln im Keller eingeschlossen und versteckt? Auch Wurst und Schinken vom Schlachten? Nationalsozialistische Symbole, besonders Hakenkreuze beseitigt oder versteckt? Fahnen und Uniformen im Garten vergraben?

Gegen Mittag bogen Panzer und Lastwagen in unsere Straße ein, und einer hielt direkt vor unserem Haus. Ein amerikanischer Offizier und Soldaten mit Gewehr im Anschlag standen vor der Haustür. Wir öffneten, und ich musste mit meinen geringen Englisch-Kenntnissen dolmetschen. Er verlangte höflich, aber bestimmt, wir sollten das Haus räumen, und zwar sofort. Seine Leute würden sich nun in unserem Haus einquartieren. Wir müssten schon woanders unterkommen. Meine Mutter zeigt ihm die kleine einjährige Christiane, aber er ließ sich nicht erweichen. Wir könnten mitnehmen, was wir wollten, gestand er uns zu.

Als er gegangen war, beratschlagten wir drei, mein Vater, der ja auch für das Elektrizitätswerk verantwortlich war (ich kann mich nicht erinnern, dass in dem Durcheinander dieser Tage der Strom ausgefallen wäre), meine Mutter, die für die kleine Christiane sorgen musste, *und* Eberhard als schmächtiger Fünfzehnjähriger, wo wir unterschlüpfen konnten. Die Dauer der Beschlagnahmung war nicht abzusehen. Während wir noch berieten, rief unsere Nachbarin, Frau Krieger über den Gartenzaun, was los wäre? Sie beobachtete, wie schon ein amerikanischer Lastwagen mit oben aufgebautem leichtem Flakgeschütz auf unsern Hof fuhr. Es stellte sich heraus, dass die Amerikaner – wie weise – jedes zweite Siedlungshaus beschlagnahmt hatten. Frau Krieger bot uns spontan an: Kommen Sie zu uns! So löste sich unser Problem. Wir schleppten Sack und Pack hinüber, schliefen auf Sofas und ausgelegten Matratzen, schlossen in unserem Haus den Kellerraum mit unseren Lebensmittel-Vorräten ab, überließen das Haus zehn oder zwanzig ungezwungenen, lauten und frohgemuten amerikanischen Soldaten und beobachteten vom Nachbarhaus, was sie trieben.

Auf der anderen Seite Gronaus, direkt neben der westlichen Leinebrücke stand die Kreismittelschule. Diese war schon zu Anfang des Zweiten Weltkrieges zu einem Lazarett umfunktioniert worden. Als sich die Kriegsfront von Westen her Gronau näherte, brachten deutsche Soldaten unter den Leinebrücken Sprengladungen an, um durch vorher gesprengte Brücken den Vormarsch des Feindes aufzuhalten. Den Ärzten des Lazarettes gelang es, das Sprengkommando von der Sprengung abzuhalten. Denn das neben einer Brücke gelegene Lazarett war von oben bis unten voll belegt mit schwerverletzten Soldaten. Die Leichtverletzten waren längst weiter nach Osten in „Sicherheit" gebracht worden. Dieses Lazarett mit seinen Menschen wäre bei einer Brückensprengung zusammengestürzt.

Als der Geschützdonner immer näher kam und die Amerikaner nur noch wenige Kilometer vor Gronau standen, fassten sich einige mutige Ärzte dieses Lazarettes ein Herz und fuhren mit weißen Fahnen den Amerikanern entgegen. Und zwar mit der gleichen Absicht, das vollbelegte Lazarett und damit zugleich die ganze Stadt Gronau vom Beschuss durch Bomben und Granaten zu verschonen. Auch diese Initiative der Ärzte gelang.

Deshalb fuhren die Amerikaner ohne einen einzigen Schuss
nach Gronau hinein. Die Gronauer Leinebrücken waren weit
und breit die einzigen intakten Überwege über die Leine. Im
Süden bei Brüggen und im Norden bei Nordstemmen wurden
die Brücken von den fliehenden Deutschen gesprengt. Das war
der Grund, weshalb Gronau beim Vormarsch der Amerikaner
eine wichtige strategische Position bekam. Tagelang, wochenlang rollten Kolonnen amerikanischer Militärfahrzeuge durch
die Stadt. Zugleich war damit die Stadt vor dem Beschuss, vor
kriegerischer Verteidigung und Eroberung, und damit vor der
Zerstörung gerettet worden. Es war ein sonniger, strahlender,
warmer, wunderschöner Frühlingstag, als Gronau am Ende des
Zweiten Weltkrieges überrollt wurde und wir nicht nur vom
Krieg, sondern auch vom Nationalsozialismus befreit wurden.

Wir lugten vorsichtig von Kriegers Fenster aus zu den Amerikanern hinüber, die es sich in unserem Haus gemütlich gemacht
hatten. Sie gingen ihrer Beschäftigung nach, waren aber Gesprächen mit uns deutschen Zivilpersonen nicht abgeneigt. Als wir
nach einigen Wochen wieder in unser Haus einziehen durften,
kam das große Aufräumen. Die Amis hatten nichts zerbrochen
oder mitgenommen. Nur die verschlossene Kellertür konnten
sie nicht leiden – das hätten wir uns denken können. Sie hatten die Tür aufgebrochen und die Kiste mit Wurst und Schinken entdeckt. Einige Würste, aber nicht alle, hatten sie verzehrt.
Waren sie gar nicht so ausgehungert oder ahnten sie, wie nötig
wir das Fleisch brauchten in dieser schlimmen Zeit? Ein schwerer Panzer war im Garten mitten durch die Erdbeeren gefahren.
In den Kettenspuren war die Erde so festgefahren, dass ich sie
später nur zentimeterweise mit dem Spaten wieder lockern und
bearbeiten konnte.

Wir hingen am Radio und verfolgten den weiteren Verlauf des
Krieges bis zum Ende. Wir hörten nicht nur den Reichsrundfunk
aus Berlin, sondern auch den Untergrundsender „Werwolf". Aber
den falschen Meldungen von allerlei Partisanenkämpfen glaubten

wir nun nicht mehr. Es war üblich, dass der Reichspropaganda-
minister Josef Goebbels am Vorabend von Führers Geburtstag,
das heißt am 19. April, eine flammende Rede an das deutsche
Volk hielt. In diesem Jahr 1945 hielt er sie auch, aber überhaupt
nicht mehr flammend, sondern mehr apokalyptisch-visionär geprägt: „… aus den Ruinen wird ein blühendes Deutschland auf-
erstehen …" Es war seine letzte Rede. Er sprach aus dem völlig
eingekesselten Berlin. Wenig später beging er mit seiner Familie Selbstmord. Wir hörten dann noch kopfschüttelnd, dass der
Führer geheiratet hätte und „bis zum letzten Atemzug kämp-
fend" gestorben wäre, dass er Admiral Dönitz zu seinem Nach-
folger ernannt hätte und dass dieser am 8. Mai 1945 die bedin-
gungslose Kapitulation Deutschlands erklärt habe.

Das war das Ende des Zweiten Weltkrieges und des Nationalsozialismus in Deutschland. Wir zogen uns in das Schneckenhaus
unseres unmittelbaren persönlichen Überlebenskampfes zurück.

Gronau

Der Autor

Eberhard Sievers ist Diplom-Pädagoge. Er wurde 1930 in Gronau/Leine geboren und erlebte in dieser niedersächsischen Kleinstadt den Nationalsozialismus, den Zweiten Weltkrieg und die anschließenden Hungerjahre. Er war Lehrer an Grund- und Hauptschulen, Seminarleiter, Dozent und Diplom-Pädagoge im Religionspädagogischen Institut Loccum. Die ehrenamtliche Arbeit liegt ihm sehr am Herzen, und er engagiert sich in der evangelischen Kirchengemeinde und im Kloster Loccum. Besonders gerne hält er Gottesdienste und Andachten.

Zu seinen bisherigen Veröffentlichungen gehören mehrere religionspädagogische Fachbücher, eine Autobiografie sowie theologische Bücher und Aufsätze, darunter „Friede auf Erden und im Treppenhaus", „Großvaters Geschichten" und „Zeitlebens-Lebenszeit".

Nach „Heldentod und Mutterkreuz" ist dies bereits die zweite Veröffentlichung des Autors im novum Verlag.

Milton Keynes UK
Ingram Content Group UK Ltd.
UKHW031834010924
447661UK00001B/23